# RING

# ENDOCTRINEMENT

MARIE LIMÈS

# ENDOCTRINEMENT

*ring.fr*

ÉDITIONS RING

–
**RING**
www.ring.fr
–

CONFÉRENCES

# Que serait la culture française sans l'immigration et le métissage ?

22/11/2017 (MIS À JOUR LE 20/02/2019 À 10:04)

**Que serait la culture française sans Joséphine Baker ou Omar Sy ? De Picasso à Man Ray, en passant par NTM et Aznavour, la culture française doit en partie sa notoriété à ces personnalités qui viennent de l'immigration.**

Joséphine Baker • *Crédits : Hulton Archive - Getty*

# Connaître l'histoire nationale le préserverait d'une telle indignation.

MENU Libération

LIBE DES HISTORIENNES

## Histoire au lycée : opacité, régression et ennui profond au programme

Par Laurence De Cock, professeure en lycée à Paris — 10 octobre 2018 à 17:32

Le lycée professionnel Louise Michel à Epinay-sur-Seine, en décembre 2009. Photo Christophe Maout

# Il y aurait donc une vision de l'histoire qui ne regarderait pas le passé ? Une histoire… de l'avenir ?

**France Culture**
17 mai ·

Des penseurs réformistes arabo-musulmans avaient produit, à la charnière des XIXe et XXe siècles, des traités féministes d'une grande actualité et à la pertinence éprouvée.

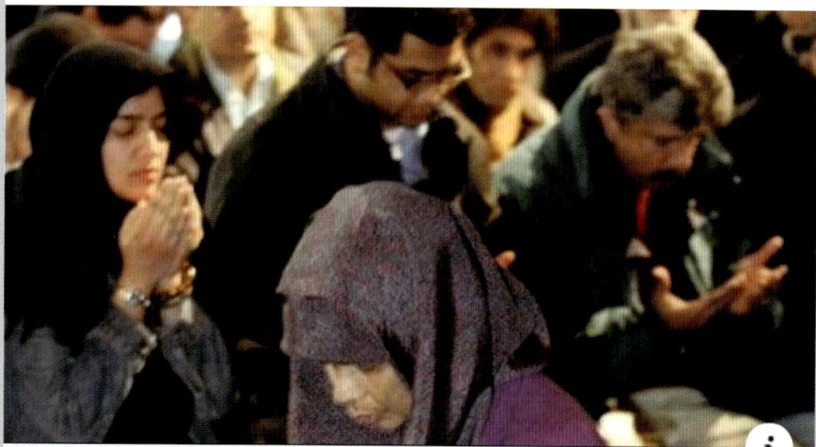

FRANCECULTURE.FR

**Le féminisme islamique est-il oxymorique ?**

# Les féministes l'ignorent mais elles doivent tout à un islam bien caché dans une charnière.

# France Culture et l'éloge de l'islam, épisode n°2314.

**France Culture**
13 avril 2019 ·

L'image du prophète a été instrumentalisée, d'âge en âge, pour servir des combats souvent peu soucieux de la réalité. Mais de bons esprits ont aussi été portés à dépeindre Mahomet de façon très favorable. Cette évocation est destinée à protéger contre des simplifications contemporaines...

FRANCECULTURE.FR

**Mahomet en Europe : multiforme**

# France Culture et l'éloge de l'islam, épisode n°7811

**France Culture**
10 août ·

Le rôle des femmes dans la sphère politique, au Maroc et dans l'Empire ottoman. Les écarts sont profonds entre les représentations occidentales du harem et les perceptions locales. Penser le harem sultanien et la place des femmes dans une histoire islamique, du XVIe au XIXe siècles.

FRANCECULTURE.FR

**Le harem et le rôle politique des femmes**

# France Culture et l'éloge de l'islam, n°8831.

**France Culture**
21 février

Au Moyen Âge, la science arabe a effectué des percées dans de nombreux domaines, comme la médecine, la logique ou l'histoire. Ce savoir a grandement contribué à la formation de la pensée européenne, comme nous le découvrons encore aujourd'hui.

FRANCECULTURE.FR

**De Bagdad à Cordoue : les foyers du savoir**

# France Culture et l'éloge de l'islam, épisode n°3427.

**France Culture**
19 octobre 2019

1989, affaire de Creil 👉 2019, conseil régional de Bourgogne. Depuis trente ans, la récurrence des polémiques sur le port du foulard dans l'espace public frappe par leur ampleur et leur violence. Sommes-nous obsédés par cette question ? Oui. Mais pourquoi ?

FRANCECULTURE.FR

**Le voile est-il une obsession ?**

# France Culture au service de l'islam.

**France Culture**
17 septembre 2019 ·

Les femmes ont tenté d'influencer, de contester ou de subvertir la structure sociale dominée par les hommes, que les lois islamiques ont consolidée. Ce n'est donc pas l'islam qui entrave l'émancipation des femmes, mais son instrumentalisation par des hommes qui visent à conserver privilèges et pouvoirs.

FRANCECULTURE.FR

**Femmes, féminismes et islam**

# Et l'on découvrira bientôt Mahomette la seule vraie prophette.

# France Culture au service de l'islam.

**France Culture**
4 septembre 2018

L'historien Shlomo Sand, grand admirateur de Zola, Sartre et Camus, est aujourd'hui sidéré de voir ce que l'intellectuel est devenu quand il s'incarne sous les traits de Michel Houellebecq, Éric Zemmour ou Alain Finkielkraut, et s'interroge sur la judéophobie et l'islamophobie de nos "élites".

FRANCECULTURE.FR

**De la judéophobie à l'islamophobie**

# France Culture au service de l'islam.

France Culture
15 juillet ·

Lire les philosophes arabes médiévaux avec l'œil de la philosophie contemporaine pour y trouver des affinités. Leurs travaux dans de nombreux domaines, comme la médecine, la logique ou l'histoire continuent de nous interpeller comme ils ont contribué à la formation de la pensée européenne.

FRANCECULTURE.FR

**Averroès : "L'ignorance mène à la peur, la peur mène à la haine et la haine conduit à la violence"**

# On peut aussi lire plus directement les philosophes grecs puis chrétiens que lisaient les philosophes arabes.

# France Culture et l'éloge de l'islam, épisode n°4590.

**France Culture**
10 juin ·

De nombreuses fables de La Fontaine sont inspirées du recueil "Kalila et Dimna". Ces fables animalières sont d'abord conçues comme un miroir des princes : elles dévoilent un imaginaire politique qui s'étend à l'ensemble des élites cultivées du monde musulman médiéval.

FRANCECULTURE.FR

**Ce que La Fontaine doit aux Arabes**

# Hop, exit Ésope !

# France Culture et l'éloge de l'islam, épisode n°6902.

**France Culture**
20 septembre, 18:35

On entend toujours que le Coran est déroutant dans sa lecture, fastidieux, ennuyeux dans son exégèse. Mais on peut au contraire le lire du point de vue de l'harmonie, de la beauté, de la musicalité.

FRANCECULTURE.FR
**L'harmonie du Coran**
Le professeur Ousmane Timera propose d'écouter ce que dit le Coran

# France Culture et l'éloge de l'islam, épisode n°5643.

**France Culture**
7 janvier ·

Alors que les mémoires s'enflamment et après l'apparition du slogan "Je suis Charlie Martel" à la suite du massacre de "Charlie Hebdo", il est temps de rétablir sereinement la vérité sur Charles Martel et la bataille de Poitiers, de l'histoire au mythe identitaire.

FRANCECULTURE.FR

**"Je suis Charlie Martel" : le slogan de la honte**

# Rétablissons sereinement – mais vite – que Charles Martel était très très méchant.

# France Culture au service de l'islam.

**France Inter**
18 décembre 2017 ·

Ce matin au petit déjeuner, vous avez peut-être commandé une tasse (mot arabe) de café (mot arabe), avec ou sans sucre (mot arabe) et un jus d'orange (mot arabe).

FRANCEINTER.FR

**Il y a plus de mots arabes que gaulois dans la langue française**

## Sous-entendu, nous sommes plus Arabes que Gaulois? Sauf que le français vient du latin, pas du gaulois. France Inter à deux doigts de nous expliquer que les Arabes en France sont plus légitimes finalement que les Gaulois...

## France Inter en perd son latin.

**France Culture**
5 décembre 2017 ·

L'Autrichien Bruno Bettelheim, dans sa "Psychanalyse des contes de fées" de 1976, relit "La Belle au bois dormant" comme un récit initiatique. C'est du destin de femme qu'il serait bien question, avec une histoire censée préparer les petites filles à ce qui les attend.

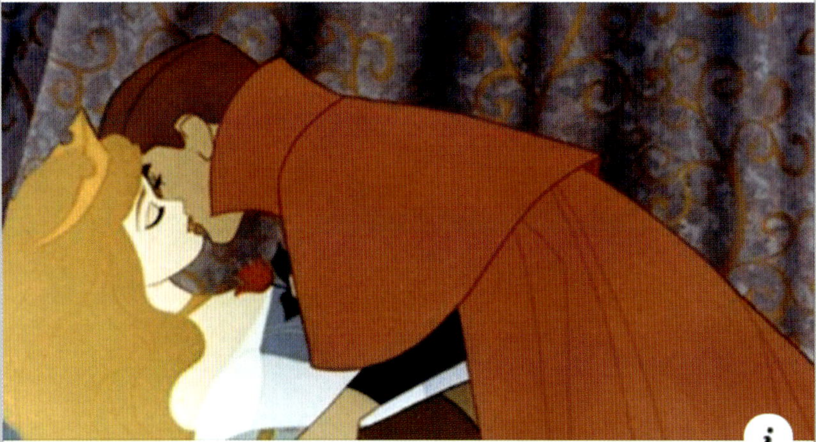

FRANCECULTURE.FR

**Le prince de "La Belle au bois dormant" est-il un prédateur sexuel ?**

**En savoir plus**

France Culture avec Culture Prime.
Partenariat rémunéré ·
Cendrillon, conte sexiste ? Redécouvrez l'origine de ce conte universel, popularisé par Walt Disney.
arte

# Et la bassin.e ?

**L'école de français** @LecoledeFR · 20 juin 2018

**Quatre auteures à l'honneur** du bac de français, une première — via @lemondefr

Bac français 2018 : quatre auteures à l'honneur, une première

Elèves et enseignants avaient appelé ces dernières années à une féminisation des œuvres étudiées. Ils ont été entendus.

lemonde.fr

**Le Monde**
@lemondefr

Françoise Héritier dans un entretien au « Monde » : « Il faut anéantir l'idée d'un désir masculin irrépressible »

Françoise Héritier : « Il faut anéantir l'idée d'un désir masculin irrépressible »
L'ethnologue et anthropologue n'a cessé de déconstruire les idées reçues sur le masculin et le féminin. Quelques jours avant sa mort, elle s'était confiée à « La ...
lemonde.fr

10:35 AM · 5 nov. 2017 · Alerte_Huit_lemonde

**Ah, qu'il est bon d'anéantir ! Messieurs, attention : le néant vous guette !
Toujours la même rengaine : ceux qui ne désirent rien... désirent le rien – que personne ne jouisse si, moi, je ne jouis pas.**

France Culture
@franceculture

Françoise Héritier : "Nous sommes les seuls parmi les espèces où les mâles tuent les femelles"
franceculture.fr/conferences/he...

**Grande découverte : la violence, c'est mâle.**

**Détestation de l'homme, épisode n°5345.**

# Détestation de l'homme, épisode n°7818.

**Le Monde**
1 h ·

« Gardez vos bouquets et arrêtez de nous violer » ou « J'veux pas de lingerie, j'veux du sexe consenti », ce n'est pourtant pas très compliqué à comprendre. **#rediff**

LEMONDE.FR
**Ne nous souhaitez pas une « bonne fête de la femme »**

# Le viol, c'est le bouquet !

# Détestation de l'homme, épisode n°4599.

**France Culture**
29 janvier ·

L'heure est à l'examen de conscience historique pour Disney afin d'éviter les polémiques. La firme fait figurer désormais ce message avant certains dessins animés : "Ce programme est présenté tel qu'il a été originellement créé. Il peut contenir des représentations culturellement datées."

FRANCECULTURE.FR

**Racisme, stéréotypes, appropriation culturelle... Disney aux prises avec l'histoire**

# Tout ce qui est daté est méchant.

**France Culture**
5 octobre 2018 ·

La domination masculine n'épargne pas non plus l'Histoire avec un grand "H". 440 historiennes françaises dénoncent l'invisibilité des femmes dans leur discipline et veulent venir à bout de cette réalité.

FRANCECULTURE.FR

**L'appel de 440 historiennes : notre vision de l'histoire est-elle trop masculine ?**

# En effet, c'est là le fond : venir à bout de l réalité. Le réel a assez duré comme ça. Détestation de l'homme, épisode n°8410

**France Culture**
4 novembre 2019 ·

Encore des lauréats hommes pour le Goncourt et le Renaudot ! Le Goncourt a couronné 9,5% de femmes, l'Intérallié 9%, le Renaudot 17%... ; et ces chiffres ne choquent pas grand monde. Pourquoi ?

FRANCECULTURE.FR

**Prix littéraires : "C'est le mâle blanc quinquagénaire qui règne en maître dans les jurys"**

**Détestation de l'homme, épisode n°5004.**
**Et de l'homme blanc. En France. Depuis 1904.**
**(C'est vrai, ça ! Pourquoi la France est-elle envahie de Blancs ?**
**Qu'ils rentrent chez eux ! Qu'il est en effet curieux de voir**
**des mâles blancs autour d'une table en France,**
**le pays des Martiens bleus ambidextres**
**et sans nœud-papillon.)**

**France Culture**
28 décembre 2018 ·

Saviez-vous que sur les 150 statues de personnages historiques que compte la ville, seules 5 sont des femmes ? La Liberté a beau prendre la figure d'une femme de cent mètres de haut, cela n'efface pas le manque total de parité et l'absence des femmes dans l'espace public...

FRANCECULTURE.FR
**Il n'y a que cinq statues de femmes à New York**
À New York, la Liberté a beau prendre la figure d'une femme de cent ...

## Attention, France Culture : c'est la statue de la Liberté, pas de la Parité.

## Détestation de l'homme, épisode n°1618.

**Messieurs, soyez goujats ! Et ne nous ouvrez plus la porte, prenez-la.**

**Détestation de l'homme, épisode n°4521.**

france culture LE DIRECT

ACTUALITÉS

# La galanterie depuis le XVIIe siècle, cadeau empoisonné ou vraie humiliation ?

16/01/2018 (MIS À JOUR À 18:48)

Par Alisonne Sinard

**Revisitez l'histoire de la galanterie, faux nez de la domination masculine, depuis Louis XIV qui en fît un art de vivre à la française jusqu'à #balancetonporc et la liberté d'importuner, en passant par les féministes du XXe siècle.**

france culture LE DIRECT

**L'identité, après avoir été défendue à gauche, est désormais instrumentalisée par la droite et l'extrême-droite. Il est nécessaire de revenir sur cette notion consubstantielle à l'être humain, et qui peut être utile à la compréhension de la société si elle n'est pas réduite à des usages politiques.**

Protesters from far-right movement Generation Identitaire take part in a demonstration against migrants on May 28, 2016 in Paris.

- *Crédits : MATTHIEU ALEXANDRE / AFP - AFP*

**France Culture**
3 h ·

La montée en puissance de l'identité comme thème politique caractérise les temps de haine que nous semblons traverser. Le politiste Jean-François Bayart n'a de cesse de déconstruire cette illusion identitaire. Rencontre

FRANCECULTURE.FR
**Temps des identités, temps de la haine**
La montée en puissance de l'identité comme thème...

# Ceux qui aiment leur patrie sont haineux. Pourquoi ? C'est simple : ils sont méchants !

Libération ➦ Comment la haine est sur le point de prendre le dessus

TRIBUNE

# Comment la haine est sur le point de prendre le dessus

Par Asif Arif, avocat au barreau de Paris et auteur de plusieurs ouvrages sur l'islam et la laïcité et Mehdi Thomas Allal, maître de conférences à Sciences-Po Paris, responsable du pôle «vivre ensemble» du think-tank le Jour d'après — 28 octobre 2019 à 15:26

Pendant d'une manifestation à Paris, le 19 octobre, en soutien à une mère musulmane sommée d'enlever son voile par un élu du Rassemblement national lors d'un conseil régional de Bourgogne-Franche-Comté. Photo Dominique Faget. AFP

**Le Monde**
Sponsorisée ·

[Édition abonnés] Bon marché, nourrissant, savoureux, le kebab est la planche de salut des petits budgets et des couche-tard. Mais si, en France, il évoque la malbouffe et réveille des crispations identitaires à l'extrême droite, en Allemagne, il est le symbole même d'une intégration réussie des goûts et des cultures.

LEMONDE.FR
**Le kebab, enfant du métissage**

# La gastronomie française ferait bien de s'inspirer du kebab, ce fleuron culinaire allemand !

**Le Monde**
33 min ·

L'instrument, symbole du rock et de la musique en bande, ne fait plus rêver ni vendre. Il incarne aussi un virilisme passé de mode.

LEMONDE.FR
**La guitare électrique n'est plus branchée**

**France Culture**

1 h ·

À partir du 8 mai, la Fédération internationale d'athlétisme impose une hormonothérapie aux sportives dont le taux de testostérone est jugé trop haut. L'affaire interroge les notions de dopage, de féminité et d'égalité.

FRANCECULTURE.FR

**Dopage et genre : quand l'athlétisme cherche à définir la différence homme/femme**

**AJ+ français** @ajplusfrancais

Suivre

Être homosexuel·le en #Inde n'est plus un crime. Le pays vient de dépénaliser l'homosexualité, mettant fin à un article de loi datant de l'époque coloniale britannique.

# God save the queers!

France Culture
25 février 2019

L'islamologue et historien des idées Chiheb M'nasser aborde la relation triangulaire entre la tradition religieuse islamique, son inscription dans la République et sa pratique par toute une frange de la jeunesse française.

FRANCECULTURE.FR

**La jeunesse musulmane dans la République**

# France Culture au service de l'islam.

**France Culture**

5 octobre 2018 ·

Pour le directeur d'Arte radio, Sylvain Gire, "le modèle masculin qui ne serait pas le modèle viriliste ou macho est très difficile à trouver."

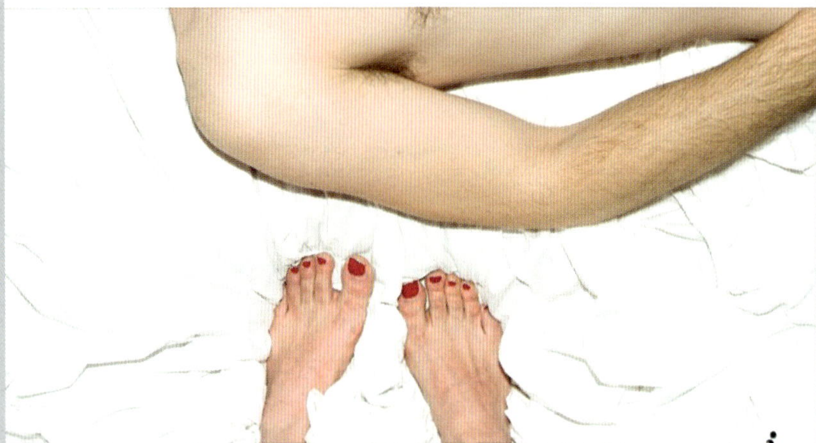

FRANCECULTURE.FR

**Masculins, est-ce ainsi que les hommes se vivent ?**

Après la révolution féministe, des hommes « ordinaires » dévoilent av...

**France Culture**
4 octobre 2018 ·

Comment libérer les hommes des stéréotypes masculins ?

FRANCECULTURE.FR

**Eduquer les fils, l'apprentissage du masculin**

Dans la famille, à l'école, dans la société, comment s'opère la transmis...

# Par la philosophie et le boudoir.

**France Culture**
17 mai 2019 ·

L'égalité entre citoyens européens est un des principes fondateurs de l'UE. Pourtant, un peu partout dans les Etats membres, les discriminations sociales, économiques, ethniques, religieuses, physiques ou sexuelles sont nombreuses. Reportage en Pologne.

FRANCECULTURE.FR

**L'Europe : un truc d'hommes blancs, vieux et riches ?**

L'égalité entre tous les citoyens européens est un des principes fonda...

# Reste à savoir qui sont les citoyens européens, non ?

20 minutes **PEOPLE** La moitié des miss noires ou métisses une avancée pour le concours?

# Miss France 2019: La moitié des miss noires ou métisses, une avancée pour le concours?

**DIVERSITE** Cette année, nombreuses sont les miss noires et métisses et « 20 Minutes » s'est demandé si ça pourrait aider à combattre les stéréotypes…

*Claire Barrois* | Publié le 11/12/18 à 12h05 — Mis à jour le 11/12/18 à 12h05

102 COMMENTAIRES 5,5k PARTAGES

La photo officielles des trente candidates à Miss France 2019. — *Benjamin Decoin / Sipa*

- Cette année, la moitié des candidates à Miss France 2019 sont noires et métisses.
- L'élection faisant partie des programmes télé les plus regardés de l'année, nous nous sommes demandé si cela signifait une avancée de la diversité à la télévision.

# Pourquoi la moitié seulement ? Encore un effort !

**France Culture**
41 min ·

Dans nos sociétés patriarcales, les choses sont claires : les hommes sont poilus et les femmes ne doivent pas l'être. Et pour cause, pendant des siècles, les barbes et autres moustaches ont symbolisé la force, la sagesse, et surtout le pouvoir. Autant de qualités exclusivement attribuées aux hommes.

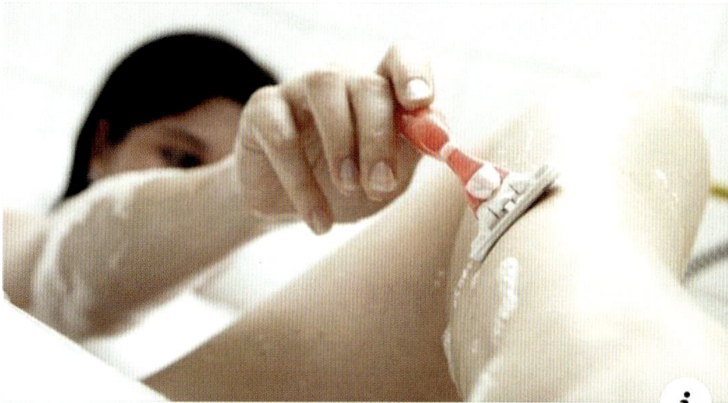

FRANCECULTURE.FR
**Femmes : cachez ces poils**

# La fameuse barbe de l'empereur Auguste, de Louis XIV, de Napoléon…

**M le magazine du Monde**
19 mai 2019

« Ce qu'il y a de plus toxique, c'est que lorsqu'on est enfant on ne s'insurge pas contre l'absence de corps noir dans les tableaux, ça paraît presque normal »

LEMONDE.FR

**Kehinde Wiley : « Quand vous êtes un artiste noir, on ne vous autorise pas à être complexe »**

# Parce que ça l'est.

**France Culture**
17 janvier 2019

"Je rêvais du journalisme lorsque j'étais ado mais je me disais que ça n'était pas pour moi." La télévision française montre encore une image déformée de la société : trop blanche, trop aisée, trop citadine. Les vieux, les pauvres, les banlieusards, les ruraux, les ultramarins sont sous-représentés d'après le CSA, qui salue toutefois quelques progrès.

FRANCECULTURE.FR

**Diversité : les médias ferment encore la porte à une large part de la société**

# Une télévision « encore trop blanche ».

ouest france

**Diversité. Les blancs encore largement majoritaires à la télévision**

# Intolérable en effet, dans un pays où les Noirs sont, comme on sait, majoritaires.

PREMIERE SÉRIES **Première Séries**
@SeasonPremiere_

Omar Sy pourrait jouer Arsène Lupin dans une nouvelle série Netflix - zpr.io/6xPYT

11:12 AM · 19 juil. 2018 · Zapier.com

# Arsène Lupin, gentleman cambrioleur créé par Maurice Leblanc. Il est vrai qu'il change d'identité pour commettre ses délits.

# De quoi BBC est-il (aussi) l'acronyme ?

LE FIGARO

Accueil > Actualité > Sciences & Environnement

## Les pensées racistes d'Einstein dévoilées dans ses carnets de voyages

Des notes privées prises par le célèbre physicien entre 1922 et 1923 lors de voyages en Asie laissent transparaître une facette sombre et méconnue de sa personnalité.

Par Tristan Vey
Publié le 14/06/2018 à 18:04, mis à jour le 15/06/2018 à 10:59

Portrait d'Albert Einstein réalisé en 1947. *Oren Jack Turner, Princeton, N.J.*

# Sa sombre et méconnue détestation des sushis lui aurait inspiré deux bombes atomiques. Heureusement qu'il a inventé la relativité générale, ce vilain savant.

**Le Figaro International**
17 juin 2018 ·

Les 630 migrants secourus par un navire humanitaire ont commencé à arriver dimanche matin dans le port espagnol de Valence après une semaine d'errance en Méditerranée.

LEFIGARO.FR

**«Bienvenue chez vous» : les premiers migrants de l'Aquarius sont arrivés à Valence**

# Était-ce bien la peine de partir si c'est pour arriver chez soi ?

France Culture
2 septembre ·

Organe du plaisir par excellence, le clitoris constitue la partie la plus sensible du corps féminin et détient les secrets de la sexualité féminine. Entre un désintérêt latent et une recherche scientifique qui balbutie, le clitoris est longtemps resté dans l'ombre...

FRANCECULTURE.FR

**Clitoris, il mérite qu'on s'y intéresse**

# Le nouvel auditeur dont rêve France Culture ne s'y intéresserait pas ?

WHITE
MEN
ARE
TERRORISTS

mathieu Kassovitz
@kassovitz1

77% des français sont des cons

D. de Montvalon @demontvalon1
CNEWS. 77% des Français désapprouvent le port d'un voile islamique par la nouvelle responsable de l'Unef-Sorbonne.

11:18 · 25 mai 18

# 77 % + 1

AMNESTY INTERNATIONAL FRANCE

Menu

Journalistes > Journalistes > Communiqu...

AGIR

COMMUNIQUÉ DE PRESSE

# DANEMARK. L'INTERDICTION DES VÊTEMENTS CACHANT LE VISAGE CONSTITUE UNE VIOLATION DISCRIMINATOIRE DES DROITS DES FEMMES

Publié le 31.05.2018.

Le Parlement danois a voté ce jour l'interdiction de porter des vêtements qui cachent le visage dans l'espace public. En réaction, Gauri von Gulik, directrice pour l'Europe à Amnesty International, a déclaré :

« Toutes les femmes devraient être libres de se vêtir comme elles le souhaitent et de porter des vêtements qui expriment leur identité ou leurs croyances. Cette interdiction aura un effet particulièrement négatif sur les femmes musulmanes qui choisissent de porter le niqab ou la burqa.

**Le Monde**
6 h ·

Le comité de cette instance onusienne reproche à cette loi de « marginaliser » ces femmes « en les confinant chez elles et en leur fermant l'accès aux services publics ».

LEMONDE.FR

**Une instance de l'ONU demande à la France de réviser sa loi contre le voile intégral**

# L'instance onusienne ferait bien de réviser ses cours de droit.

Le Monde

2 h ·

Fini le rose pour les filles et le bleu pour les garçons ? Le « genderneutral » se démocratise dans les boutiques anglo-saxonnes, mais pas en France.

LEMONDE.FR

**L'unisexe s'invite dans la garde-robe enfantine**

MENU **Le Point**

Actualité > Société

# Faut-il dire « bonhomme » ou « personne » de neige ?

À l'heure de l'écriture inclusive et de #MeToo, le débat doit-il aussi être étendu aux constructions enfantines ? Un animateur de la BBC lance le débat.

***Par** LePoint.fr*

Publié le 06/11/2018 à 19:42 | Le Point.fr

**Attention à ne pas discriminer les flocons et floconnes de neige.**

Libération → De gauche, donc cosmopolite

TRIBUNE

# De gauche, donc cosmopolite

Par Alain Policar, Politiste, chercheur associé au Cevipof (Sciences-Po). — 25 novembre 2018 à 17:06

Un habitant du Briançonnais et un migrant, en décembre 2017, après le passage de la frontière italienne. Photo Etienne Maury. Hans Lucas pour «Libération»

**Et au-delà même des frontières galactiques, surenchérit l'étoile filante Cosmopolicar.**

**France Culture**
1 h ·

Si le christianisme a rangé la pédérastie et la sodomie au nombre des péchés les plus graves, la culture islamique classique a toléré l'homosexualité jusqu'au XVIIe siècle, bien que les textes religieux la condamnent expressément. Dire les homosexualités d'une rive à l'autre de la Méditerranée.

FRANCECULTURE.FR
**L'homosexualité des deux côtés de la Méditerranée**

# France Culture au service de l'islam.

France Culture a retweeté

**Hashtag** @FC_Hashtag · 7 min

[Témoignez] La cuisine fait aussi partie de notre patrimoine. Avant les Journées du patrimoine, racontez-nous le plat que l'on vous a transmis et celui que vous aimeriez transmettre.
Photos à l'appui bien sûr ;)
#MonassietteMonpatrimoine

2

Libération ➦ Hijab de running : «Nous demandons à Decathlon de ne pas céder aux intimidations»

TRIBUNE

# Hijab de running : «Nous demandons à Decathlon de ne pas céder aux intimidations»

Par Un collectif de femmes musulmanes — 1 mars 2019 à 17:22 (mis à jour à 17:58)

Camille Froidevaux-Metterie
@CFroidevauxMett

Très inquiète du féminisme qu'annonce Elisabeth Moreno. Clairement libéral mais aussi conservateur. La "complémentarité entre les sexes" qu'elle évoque est une notion directement inspirée de la doctrine catholique, la négation du principe de la déconstruction des rôles de genre.

# C'est vrai que c'est très inquiétant d'être complémentaire.

Courrier international

EN CE MOMENT RETRAITES RETOUR DES DJIHADISTES ÉLECTIONS ROYAUME-UNI IMPEACHMENT

Procréation. Une mère peut-elle utiliser le sperme de son fils décédé pour une GPA ?

# Œdipe in vitro, le must. By Sophocle®

**France Culture**
13 avril 2019 ·

Agressée lors d'un rassemblement parisien, Julia est devenue en quelques jours le visage de la lutte contre la violence subie par les personnes transgenres. Pour combattre ces discriminations, les soutiens appellent à la reconnaissance de leur statut dans la société. À commencer par l'état civil ?

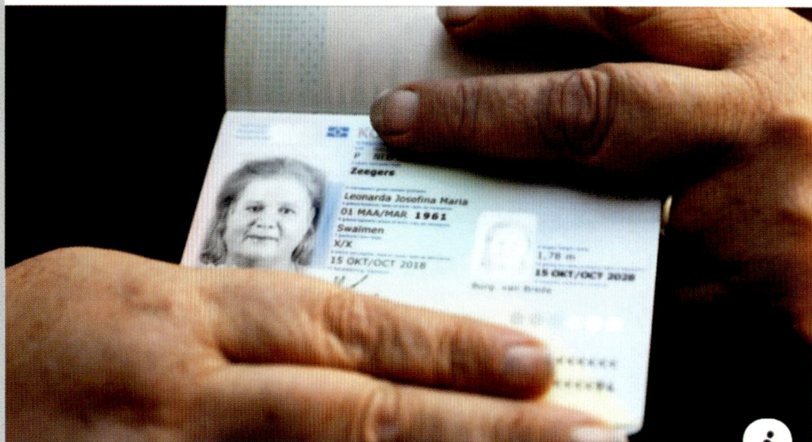


FRANCECULTURE.FR

**Faut-il supprimer la mention du sexe des papiers d'identité ?**

# Le réel, c'est discriminant.

**France Culture**
18 octobre 2019 ·

"Pour asseoir sa domination sur le sexe féminin, l'homme a théorisé sa supériorité en construisant le mythe de la virilité. Un discours fondateur qui n'a pas seulement postulé l'infériorité essentielle de la femme, mais aussi celle de l'autre homme : l'étranger, le "sous-homme", le "pédéraste"..."

FRANCECULTURE.FR

**Le mythe mortifère de la virilité**

# a haine de l'homme, épisode 84

ABONNES.LEMONDE.FR

**Danièle Sallenave : « L'identitarisme est la maladie du XXIe siècle »**

**Le Monde**

6 novembre 2019 ·

TRIBUNE | « La France a désormais un autre visage parce qu'elle a bâfré aux tables du monde, qu'elle s'est forcée dans le lit des peuples du monde, et que, de ces corps-à-corps, sont nés des citoyens français ».

LEMONDE.FR

**Leonora Miano : « Si la physionomie de la France change, c'est le fait de l'aventure coloniale »**

**Le patron du Quai Branly : « Je souhaite que le musée se colorise, nous sommes trop blancs »** SÉLECTION DE LA RÉDACTION

# La haine de l'homme blanc, épisode 332.

**France Culture** est avec **Culture Prime**.

8 octobre 2019 ·

Privilégier l'étude de la génétique ou du cosmos, fréquenter les meilleures universités mondiales, mais aussi... être un homme, américain, et blanc de préférence : en cette semaine de remise de prix Nobel, on vous donne les astuces pour maximiser vos chances d'être nobelisé.

# Encore et toujours, la haine de l'homme blanc.

France Culture
7 juillet ·
Le soufisme est la quintessence de l'islam spirituel. Il est depuis son origine un mouvement qui crée un lien intime entre l'âme immortelle et le divin. L'entreprise d'une vie est celle de prendre soin de cette âme qui doit absorber lumière et vérité...
FRANCECULTURE.FR
Le soufisme, la danse de l'âme
Le soufisme est la quintessence de ce qu'est l'islam, une spiritualité. Il...

# Les gentils...

**France Culture**
4 h ·

Dans une Europe sécularisée où la menace de la perte d'identité culturelle est brandie par l'extrême-droite, l'instrumentalisation de la religion catholique semble être devenue une stratégie politique payante.

FRANCECULTURE.FR

**Les "Racines chrétiennes" de l'Europe : le hold-up des politiques.**

# ... les méchants.

**France Culture** est avec **Culture Prime.**

1 h ·

Non, les statues grecques n'étaient pas blanches, mais de toutes les couleurs. Depuis 2000 ans, l'Histoire nous l'a caché pour promouvoir le blanc comme idéal d'un Occident fantasmé, contre les couleurs symboles d'altérité et de métissage.

UNEF
@UNEF

Suivre

"En tant que femme transgenre racisée je suis intersectionnelle. Mais ma racisation fait de moi une personne plus privilégiée qu'une personne afro descente et c'est à cause du colorisme qui crée un privilège entre les personnes racisées." Clémence Zamora-Cruz de l'@InterLGBT

# Penser à demander un nuancier.

**Le Monde Cultures**
21 janvier 2019 ·

Il existe une France trop souvent invisible pour les télévisions françaises : celle des jeunes, des personnes âgées, des pauvres, des inactifs, des habitants des villes et des quartiers périphériques, mais aussi celle des minorités visibles. #abo

LEMONDE.FR

**Médias et diversité : encore un effort !**

**Le Monde**
7 février ·

« Mon deuil n'est toujours pas fini et il ne le sera jamais. J'ai du mal à dire "ma femme", alors qu'avant je disais "mon mari". » Témoignages de couples qui sont restés ensemble malgré le changement d'identité de genre d'un des conjoints.

LEMONDE.FR

**« Je l'ai vécu comme un tsunami » : mon mari est devenu ma femme**

Extrait : « Le #GrandRemplacement, c'est ta fille qui me kiffe, qui va me faire des enfants, et ils auront mon pif ».

« Le Grand Remplacement, c'est ta fille qui me kiffe » chante Younès

Younès dévoile son clip «Le Grand Remplacement », très explicite. Le grand remplacement, c'est ta fille qui me kiffe,Qui va me faire des ...

adoxa.info

# Un fantasme d'extrême droite ?

PARTICIPE À UN WEEK-END DÉCOUVERTE
AVEC LES SCOUTS ET GUIDES DE FRANCE
astrapi
REJOINS
L'AVENTURE
SCOUTS GUIDES
/scoutsetguides
/sgdf
Inscription :
decouverte.sgdf.fr

Libération ➦ Nadia Tazi : «Le succès des islamistes repose moins sur la religion qu...

## Nadia Tazi : «Le succès des islamistes repose moins sur la religion que sur un regain de virilité»

Par Léa Mormin-Chauvac — 5 février 2019 à 19:16 (mis à jour à 20:01)

La philosophe Nadia Tazi identifie la virilité dans le monde musulman comme le fondement de la discrimination des femmes mais aussi du despotisme politique.

➦ Nadia Tazi : «Le succès des islamistes repose moins sur la religion que sur un regain de virilité»

# L'islam n'a aucun rapport avec l'islam, on le savait. Mais ce qu'on ne savait pas c'est que c'était la faute à la virilité.

Macron appelle à renommer des rues en hommage aux soldats africains de l'armée française qui ont participé à la Libération francetvinfo.fr/culture/patrim... via @franceinfo

Emmanuel Macron appelle les maires à renommer des rues en hommage aux soldat...
francetvinfo.fr

**Le Monde**
2 h ·

Emblème d'une féminité et d'une élégance stéréotypées, accessoires inconfortables, voire douloureux, les talons hauts sont encore fréquemment imposés aux femmes sur leur lieu de travail. Une injonction qu'elles sont de plus en plus nombreuses à dénoncer. Une enquête à lire dans La Matinale.
Pour télécharger l'appli ► https://x99au.app.goo.gl/mXSs

Palais de Tokyo
2 h ·
VISITE - Un talent pour les talons ?
Pas encore ? Ça va venir !
Atelier et visite « talons aiguilles » ouverts à tous sans distinction de genre ou de pointure.
-
bit.ly/les-visites-du-vendredi-soir

Le Monde

1 h ·

**#CINE** Les cinéastes belges auraient-ils une longueur d'avance pour livrer des récits d'adolescents transgenres ? Un film sensible et politique qui s'adresse à un large public. A voir 👇

LEMONDE.FR

**Dans « Lola vers la mer », la masculinité d'un père ébranlée par sa fille transgenre**

# Et même deux longueurs d'avance si « ébranlée » est en deux mots.

vonJOUR by vonvon

LES PLUS VUS ACTUS STAR/TV/FILM FUN SANTÉ CHOQUANT ANIMAL TOUCHANT FAMILLE

vendredi 2 octobre 2020

**Des activistes trans obligent une entreprise à retirer le symbole de la femme des produits sanitaires**

Le Monde
38 min ·
« Cette couverture est une étape importante. »
LEMONDE.FR
Pour la première fois, une indigène mexicaine transgenre fait la couverture de « Vogue »

**Le Monde**

1 h ·

Longtemps, les séries n'ont illustré, à travers leurs scénarios et certains de leurs personnages, que les deux (voire trois) premières lettres du fameux sigle LGBTQ – et encore, pour des rôles mineurs.

LEMONDE.FR

**La transcendance des genres**

**Le Monde**

1 h ·

World Rugby est la première fédération d'un sport collectif majeur à renoncer à préciser si un tournoi sera disputé par des hommes ou des femmes.

LEMONDE.FR

**La Fédération internationale de rugby choisit la neutralité du genre pour ses Coupes du monde**

# Le ballon ovule.

Libération → De l'invisibilité des personnes transgenres sur les écrans français

TRIBUNE

# De l'invisibilité des personnes transgenres sur les écrans français

Par Stéphane Gaillard, Directeur de casting — 29 août 2018 à 16:22

**LCP** @LCP

"La France s'est toujours constituée, agrégée, autour d'un multiculturalisme séculaire, le nier ce n'est pas comprendre notre histoire", assure @NBelloubet. #DirectAN

# Si, justement.

L'HOMME ÉVOLUE.
SON MUSÉE AUSSI.
OUVERTURE LE 17 OCTOBRE
MUSÉE DE L'HOMME
MUSEEDELHOMME.FR

l'avenir
c'est eux
Aider les jeunes : gratuité des
transports scolaires en partenariat
avec la Région Occitanie
Agir
avec vous !

100 ACTIONS POUR
ACCOMPAGNER LES JEUNES
l'avenir
a déjà
un visage
HAUTE-GARONNE.FR
HG
CONSEIL DÉPARTEMENTAL
HAUTE-GARONNE.FR

**Libération**

hier à 21:30 ·

**#CheckNews**

Le service de communication du MIT a propulsé médiatiquement la scientifique comme la personne sans qui «la photo du trou noir n'aurait pas existé». Humblement, celle-ci insiste sur le travail des 200 chercheurs impliqués dans le projet.

LIBERATION.FR

**Est-ce vraiment à la chercheuse Katie Bouman qu'on doit la première photo d'un trou noir ?**

**Le Monde**

18 octobre 2019 ·

Les astronautes de la NASA Christina Koch et Jessica Meir s'apprêtent à réaliser la première sortie entièrement féminine vendredi, après un demi-siècle de sorties uniquement masculines.

LEMONDE.FR

**Première sortie spatiale 100 % féminine**

# L'homme dérange : il dégage.

Libération
@libe

«L'extrémisme blanc est en marche» : un article du @nytimes issu de notre sélection hebdomadaire, à lire en VO avec votre journal du jour ou via notre liseuse ici ➡️ liberation.fr/liseuse/public...

The New York Times
INTERNATIONAL WEEKLY

Libération

Warming Pushes Migrants To U.S.

White Extremism Is on the March

A vast global network links killers and spreads an ideology of hatred.

**Courrier international**
hier à 19:07 ·

🇺🇸 - Un établissement du nord de New York qui avait programmé une adaptation de "Tarzan" en comédie musicale a changé d'avis après les protestations de parents d'élèves, qui ont critiqué le racisme de l'œuvre d'Edgar Rice Burrough.

COURRIERINTERNATIONAL.COM

**Tarzan trop raciste pour être joué dans un lycée américain**

**AJ+ français** 1 h ·

👑 Pour la 1ère fois : Miss France, Miss America, Miss USA, Miss Teen USA, Miss World ET Miss Universe sont toutes des femmes noires.

# C'est ce qu'on appelle la diversité et le respect des cultures.

Sibeth Ndiaye (Porte-parole du gouvernement français):

"...dans ma culture africaine on mange avec les doigts..."

"dans le gouvernement que l'on a aujourd'hui, on n'a pas que des "techno-blancs" de 40ans..."

12,4k vues

10:18 · 20/12/2019 · Twitter Web App

# Comment se faire entuber dès la naissance.

# Place du Militantisme

**Une langue *en* France
devient une langue *de* France.**

France Culture
2 h ·

Croix d'autel brisée, statue de la vierge détruite, meubles abîmés... Depuis quelques semaines, plusieurs églises ont été visées par des actes malveillants en France. Mais tous ne relèvent pas de la profanation.

FRANCECULTURE.FR

**Profanation d'églises : un phénomène réel mais limité**

# Relativisons, c'est important.

# La gauche et le retour de la « race ».

France Culture
20 février 2019 ·

Vénéneux et suspects, la race et le genre ont longtemps été négligés par les sciences sociales: ils subvertissaient à la fois l'universalisme républicain et la critique marxiste des inégalités. Pour mieux penser les discriminations, l'intersectionnalité les réhabilite. Au prix de vives controverses.

FRANCECULTURE.FR

**Race, islamophobie, intersectionnalité : ces mots qui restent tabous en France**

# La gauche et le retour de la « race ».

Société

**Les cours de récréation «non genrées» se multiplient**

À l'instar d'autres villes, Rennes va doter ses écoles d'espaces permettant aux filles et aux garçons de jouer vraiment ensemble.

Par **Marie-Estelle Pech**
Publié le 18 janvier 2019 à 18:41, mis à jour le 18 janvier 2019 à 19:01

# Et s'ils n'en ont pas encore envie, à l'âge tendre, on leur filera des hormones.

# « Dans les cours de récréation, les filles sont invisibilisées »

Selon la géographe du genre Edith Maruéjouls, l'aménagement des cours d'école participe de la « ségrégation entre les garçons et les filles ».

LE MONDE | 16.09.2018 à 14h24 |

Propos recueillis par Cécile Bouanchaud

Abonnez vous à partir de 1 € Réagir Ajouter f Partager (95) Tweeter

A l'école maternelle Michel-de-Montaigne, à Trappes (Yvelines), la rentrée s'est faite avec une nouvelle cour de récréation *« non genrée »*. Depuis trois ans, la municipalité, qui a fait de l'égalité femmes-hommes l'une de ses priorités, réaménage ses cours de récréation pour inciter filles et garçons à interagir davantage.

**a laideur du truc, on en parl**

« Historiquement, le football est marqué par l'empreinte masculine »

LEMONDE.FR

**« Historiquement, le football est marqué par l'empreinte masculine »**

# L'homme, ce monstre qui est partout, même sur les terrains de foot.

**107 femmes, c'est-à-dire moins de 0,0002 % de la population.
Ce que Libé appelle un « massacre » : on n'est pas loin du génocide.
(Rappel : il y a 72 enfants tués dans leur famille par an [et
dans 70 % des cas, c'est par la mère], 30 parents tués par leurs
enfants par an, 349 morts par overdose par an, 370 paysans
qui se suicident par an, 9 000 suicides au total par an.)
Libé à deux doigts de découvrir le tragique de l'existence.**

# La gauche et la haine des Blancs

Le Monde

24 min ·

La ministre du travail a affirmé dimanche que 200 entreprises doivent encore remplir leur obligation légale de publier un index sur l'égalité, faute de quoi elles seront punies.

LEMONDE.FR

**Egalité femmes-hommes : Muriel Pénicaud menace 200 entreprises de sanctions**

Le Monde
1 h ·
Dans la pub et la photographie s'opère une redéfinition visuelle de la masculinité, plus sensible, plus fragile, moins viriliste.
LEMONDE.FR
L'imperfection au masculin

**Le Monde**
3 janvier 2019 ·

Ce qui au collège et au lycée, était une gêne inexplicable, un terrible inconfort, trouve soudain une définition, grâce à des rencontres ou à l'écoute de mots inconnus. On se découvre lesbienne, bisexuel·le, gay, ou bien encore transgenre, non binaire. #abo

LEMONDE.FR

**L'université, moment de l'émancipation pour des jeunes LGBT+**

**George Pau-Langevin**
@Pau_Langevin

Sur l'affaire #DeRugy, toute la presse se répand en disant que suite aux enquêtes effectuées il serait « blanchi » ce qui signifie qu'il etait noirci par les accusations! Quand ce vocabulaire attachant toujours un sens négatif à la couleur noire sera-t-il périmé ?
#çasuffit #stop

1:26 PM · 24 juil. 2019 depuis Paris, France · Twitter for iPhone

Libération ↪ «A l'université, il y a un inconfort à reconnaître qu'il peut y avoir du racisme»

ENQUÊTE

# «A l'université, il y a un inconfort à reconnaître qu'il peut y avoir du racisme»

Par Kim Hullot-Guiot — 31 mai 2019 à 20:16

20 minutes **CINÉMA** Dans le prochain James Bond, l'agent 007 sera incarné par une femme noire

ACCUEIL › ENTERTAINMENT › CINÉMA

# James Bond: Dans le prochain film, l'agent 007 sera incarné par une femme noire, l'actrice Lashana Lynch

**MY NAME IS** Daniel Craig reste James Bond... pour l'instant

*V. J.* | Publié le 14/07/19 à 23h06 — Mis à jour le 15/07/19 à 10h38

313 COMMENTAIRES 8,5k PARTAGES

Lashana Lynch à l'avant-première mondiale de «Captain Marvel» en mars 2019 à Los Angeles — *HollywoodNewsWire.c/NEWSCOM/SIPA*

**À LIRE AUSSI**

17/06/19 | TOURNAGE
VIDEO. Daniel Craig est prêt à revenir sur le tournage du prochain James Bo

03/07/19 | CINEMA
Rami Malek aurait refusé de jouer un terroriste lié «à une religion»

25/06/19 | PEOPLE
VIDEO. Un homme a été arrêté sur le tournage de «Bond 25» pour voyeurisme

✚ D'ACTU

**Le Monde**
hier à 16:44 ·

« Ce que dit la notion de fluidité, ce n'est pas une négation : c'est une richesse de potentialités. Il est essentiel de laisser nos enfants s'épanouir dans différentes directions sans les contraindre au nom de la biologie. »

LEMONDE.FR

**Le genre gagne en fluidité**

**Radio Nova**
16 juin 2019 ·

Et si les hommes trans, par leur expérience du sexisme et du patriarcat, étaient les personnes les plus à même de déconstruire les codes de masculinité toxique ? Via CHEEK Magazine

CHEEKMAGAZINE.FR

**Les hommes trans sont-ils l'avenir de la masculinité non toxique?**

# Ben voyons.

**Le Monde**
8 juin 2019 ·

Les jeunes générations jouent davantage des identités de genre. Une pratique qui reste très minoritaire mais se heurte bien souvent à l'incompréhension ou au rejet.

LEMONDE.FR

**Non-binaire, « gender fluid », trans... ces ados « ni tout à fait filles ni tout à fait...**

# France Culture et l'éloge de l'islam, épisode n°6564.

LEMONDE.FR

**Des vidéos en série pour chasser les idées reçues sur l'islam**

**Michèle Delaunay**
@micheledelaunay

L'utilisation des ovocytes congelés par soi même est la victoire la plus radicale du féminisme en fragilisant la supériorité masculine que l'on croyait infranchissable : la différence d'agenda biologique. Elle sera contenue ds la prochaine loi bioéthique

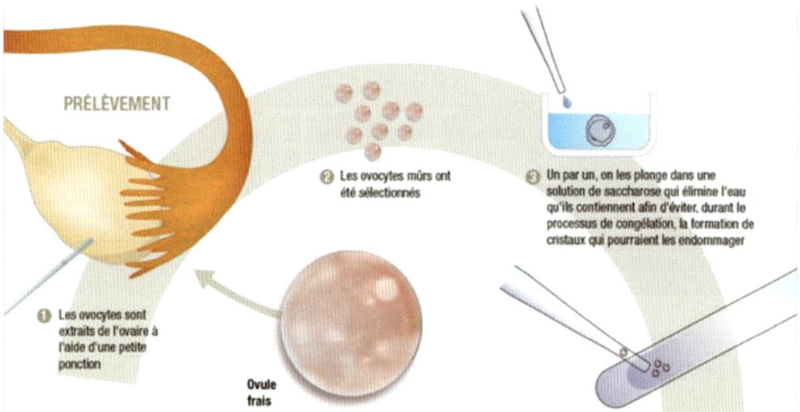


# Pas sûr que ce soit bio.

Le Monde
hier à 15:54 ·

« Comme dans d'autres domaines, les femmes ont été invisibilisées, copiées, spoliées par le patriarcat ».

LEMONDE.FR
**Une maison d'édition jeunesse réhabilite les écrivaines « plumées » par le patriarcat**

# Le patriarcat, ce monstre caché qui tire toutes les ficelles. Personne ne se demande si lesdites écrivaines ne sont pas tout simplement moins douées ? Et par ailleurs, il y a des milliers d'écrivains tombés dans l'oubli.

LES DÉCODEURS · ISLAM

# Quiz : que savez-vous du ramadan ?

**Le ramadan 2019, mois sacré chez les musulmans, marqué par le jeûne, débute le 6 mai. Testez vos connaissances sur cette tradition vieille de quinze siècles.**

Par Mathilde Damgé et Pierre Breteau · Publié le 18 juin 2015 à 16h01 - Mis à jour le 06 mai 2019 à 08h40

La mosquée de Paris. JOEL SAGET / AFP

Le Monde
1 novembre 2019 ·
« L'islamophobie en France est une réalité. »
LEMONDE.FR
Une cinquantaine de personnalités appellent à manifester le 10 novembre contre l'islamophobie

Le Monde

ACTUALITÉS ÉCONOMIE VIDÉOS OPINIONS CULTURE M LE MAG

OPINIONS · EUROPE

Partage

## David Paternotte : « Les opposants à la “théorie du genre” disposent de relais politiques puissants »

**Depuis le début des années 1990, le Saint-Siège, la droite populiste et l’extrême droite affirment que le concept de genre déconstruit l’ordre des sexes. Entretien avec un sociologue de l’Université libre de Belgique qui a dirigé un ouvrage collectif sur les campagnes antigenre en Europe.**

Propos recueillis par Blaise Gauquelin · Publié le 29 mars 2019 à 06h00 - Mis à jour le 30 mars 2019 à 01h11

# Si puissant qu’on voit leur succès continuel.

# La sodomie seulement à partir de 12 ans ? Nous voilà rassurés.

**Edwy Plenel**
@edwyplenel

La dérive xénophobe de ce pouvoir n'a plus de limites. En pleine révolution #MeToo sur les violences sexuelles, provoquée par Adèle Haenel, @MarleneSchiappa ne trouve rien de plus urgent que de désigner les étrangers en boucs émissaires ! #doublepeine

**Marlène Schiappa : "Nous allons expulser les étrangers condamnés pour violen...**
Marlène Schiappa, secrétaire d'Etat chargée de l'égalité entre les femmes et les hommes, défend dans un entretien à Marianne cette mesure annoncée par le ...
marianne.net

1:40 PM · 7 nov. 2019 · Twitter Web App

# La dérive xénophobe de la protection de la femme.

**UNEF Lille** @UNEF_Lille · 3j

Nous continuons notre campagne pour la gratuité des transports dans les cités Universitaires du CROUS Nord Pas de Calais. @CrousLille

L'urgence climatique et sociale auquel font face les étudiants est réelle et nous sommes tout.e.s déterminés à gagner 💪

11 · 14 · 39

# Le chapelet chrétien, ce danger du monde du travail.

20 minutes

MENU

Société Faits divers Politique Monde Justice Santé

ACCUEIL › SOCIÉTÉ

Les personnes sondées s'opposent notamment aux prières dans la rue. (archives) — *PASCAL PAVANI / AFP*

OPINION

## 78 % des Français jugent la laïcité « menacée », selon un sondage

MIS À JOUR LE 27/10/19 À 11H22

**L'inquiétude semble forte, quelle que soit la proximité partisane**

# Les rassemblements chrétiens, cette grande menace pour la laïcité.

# Arrivée et déjà repartie.

Rouje
Sponsorisée ·
Lui ? C'est le dernier né de nos produits de beauté. Pour le glisser dans votre trousse de rentrée avant tout le mond... Lire la suite
Rouje
PARIS

**Libération**
13 novembre 2019 ·

[Chronique «Miroir d'outre-Rhin»] Cette semaine, une publicité met en scène, sur l'air de «Heroes» de Bowie, une boxeuse voilée, Zeina Nassar. Il faut dire qu'entre les deux rives du Rhin, les approches sur le port du voile diffèrent largement.

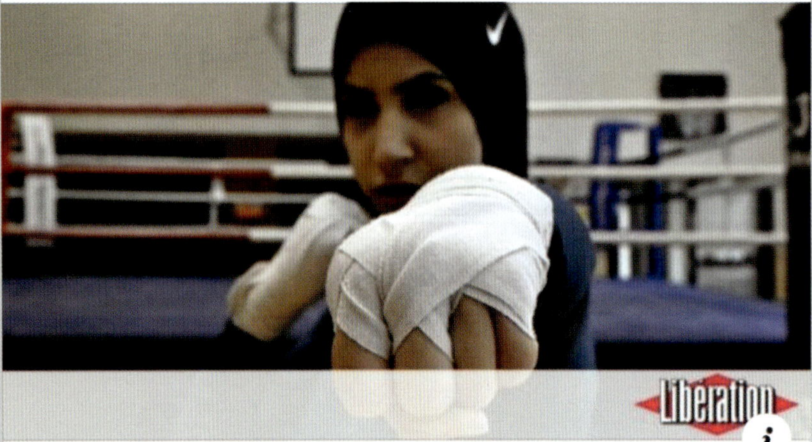


LIBERATION.FR

**En Allemagne, un hijab de sport sur un air de David Bowie**

france culture LE DIRECT

**Alors que le mouvement féministe continue de se développer, la place des hommes au sein de cette lutte questionne. Peuvent-ils se définir comme féministes, ou bien doivent-ils se satisfaire du statut "d'alliés"? Sincère combat ou volonté de conserver ses privilèges? Un homme peut-il être féministe?**

"Les vrais hommes sont féministes!" brandit cet homme, lors d'une marche des femmes pour protester contre la candidature de Trump, au lendemain de son élection (Denver, le 21/01/2017) • *Crédits : Joa Amon - Getty*

L'OBS

# Rokhaya Diallo : « Le féminisme “universaliste” est excluant »

Rokhaya Diallo est journaliste et réalisatrice, auteure de « La France tu l'aimes ou tu la fermes ? ».

Je m'abonne pour 1€ le premier mois

Par L'Obs
Publié le 02 octobre 2019 à 16h45 · Mis à jour le 02 octobre 2019 à 16h46

Temps de lecture 1 min

Favoris | Commenter | Nous suivre

**Le Monde**
2 h ·

Dans son livre, l'essayiste britannique procède à un examen extrêmement documenté du « racisme structurel » et du « privilège blanc ».

LEMONDE.FR

**Reni Eddo-Lodge : « Etre universel dans ce monde, c'est forcément être blanc »**

# Dans quel monde ? Celui qui a élevé la conscience humaine au concept d'universel ?

**Delphine Ernotte**
@DelphineErnotte

Nous incluons désormais dans l'ensemble de nos contrats de production une clause de la diversité qui exige des sociétés de production, que leurs équipes de tournage, d'écriture et artistiques reflètent la diversité de la société française.

3:35 PM · 14 nov. 2019 · Twitter for iPhone

# L'exigence des quotas raciaux.

france culture | LE DIRECT

SAVOIRS

## Faut-il allaiter à tout prix ?

11/10/2019

Par Derwell Queffelec

**L'allaitement est-il indispensable dans les premiers mois de la vie d'un nouveau-né ? C'est la question au cœur des Idées Claires, notre programme hebdomadaire produit par France Culture et Franceinfo destiné à lutter contre les désordres de l'information, des fake news aux idées reçues.**

L'allaitement est un débat sans fin pour les jeunes mamans. Il est tantôt indispensable, obligatoire ou au contraire une forme d'esclavagisme moderne. Les idées reçues n'aident pas les jeunes mères à se décider dans ce flot d'informations contradictoires.

# Un esclavage, pas moins.

**Libération**
hier à 14:07 ·

Qu'elles soient soignantes, caissières, auxiliaires de vie ou victimes de violences conjugales, les femmes sont en première ligne.

LIBERATION.FR

**[Tribune] Féminisme et confinement, du pire vers le meilleur ?**

Libération → «Les femmes ont toujours été plus nombreuses que les hommes à se battre pour l'environneme...

LE FIL VERT

## «Les femmes ont toujours été plus nombreuses que les hommes à se battre pour l'environnement»

Par Margaux Lacroux — 12 mars 2019 à 07:08

Greta Thunberg assise place de la République à Paris au côté de Vandana Shiva le 22 février, date de la première grève des jeunes pour le climat dans la capitale.
Photo Lionel Bonaventure. AFP

# Toutes des saintes, on vous dit.

# Bientôt le pire : une attaque au jambon de Bayonne…

**Le Monde**
1 h ·

TRIBUNE 🗣 | « Un des rôles de l'école publique est justement de permettre aux enfants de toutes origines, de toutes confessions de se rencontrer et aux parents de se fréquenter. »

LEMONDE.FR
**« Les musulmans ont droit au même respect que les autres parents »**

# Où sont les autres parents ?

# Rappelez-vous : « La théorie du genre est un fantasme d’extrême droite. »

# Rappelez-vous : « La théorie du genre est un fantasme d'extrême droite. »

# Le transfert trans.

**Il y a les bons droits et les mauvais droits. Un bon droit, c'est de dire que tout le monde a droit à un enfant. Un mauvais droit, c'est de dire que l'enfant a droit à un père.**

**France Culture**
jeudi, à 18:30 ·

"Repenser le masculin, c'est aussi repenser l'éducation qu'on donne aux garçons. De quelles masculinités voulons-nous ?" Dans le sillage du mouvement **#MeToo**, Ivan Jablonka nous explique pourquoi il est temps d'en finir avec la masculinité toxique.

## Des protections gratuites pour tous-tes

Ces protections hygiéniques sont mises à votre disposition par l'Unef Sciences Po et Equal. Notre action s'inscrit dans une volonté d'accessibilité pour tous-tes, indifféremment de nos identités de genre ou de nos assignations à des catégories de sexe.
Les boîtes seront ravitaillées par nos soins tant que l'administration refusera de répondre à nos revendications pour des protections gratuites.
N'hésitez pas à nous contacter sur nos pages Facebook respectives pour nous signaler les boîtes restées vides.

## Pads and tampons for all

These pads and tampons are provided by Unef Sciences Po and Equal. We claim a free access to these protections for all, irrespective of your gender identity or your sex assignment.
We will supply pads and tampons until the school administration decides to take our demands into account.
Feel free to contact us on our Facebook pages to let us know if some boxes stay empty.

[redacted]

**Unef Sciences Po**
J'aime cette Page · 18 septembre

A l'attention des personnes qui ont enlevé les protections hygiéniques des toilettes dites masculines pour les placer dans les toilettes dites féminines au 27,
Nous vous rappelons que les hommes trans et certains personnes intersexes ont leur règles et ont tout autant le droit que les femmes d'avoir des protections dans leurs toilettes.
Nous vous rappelons que nous mettons en place ce dispositif gratuitement et que voir des protections hygiéniques dans vos toilettes n'est pas une atteinte à votre masculinité.
Nous vous demandons de vous comporter de manière civile, et donc d'utiliser ces protections si vous en avez besoin et sinon de ne pas les toucher.
Bien cordialement, l'UNEF Sciences Po et Equal

224 · 25 commentaires · 54 partages

J'aime · Commenter · Partager

**Brune Poirson**
@brunepoirson

Ils s'appellent Kavak, Dabo, Mohamed, ou encore Youssef et durant tout le confinement ils ont continué à travailler pour collecter et trier nos déchets.
Si nos poubelles n'ont pas débordé, c'est grâce à eux.
Mon premier déplacement était pour leur dire : MERCI 👏

Elisabeth BORNE et 8 autres personnes

11:07 AM · 15 mai 2020 depuis Limeil-Brévannes, France · Twitter for iPhone

Dupond-Moretti : « Si les arabes et les immigrés quittent la France, vous êtes dans la merde pour faire votre ménage ! »

Éric Zemmour : « C'est un argument bidon de bobos, de bourgeois qui a besoin d'esclaves. »

8:06 PM · 7 sept. 2019 · Twitter Web App

Libération
22 septembre 2019 ·
Pour tenir le rôle principal de la pièce de Shakespeare, le metteur en scène Arnaud Churin a décidé de faire jouer un Blanc… et des acteurs noirs dans tous les autres rôles.
Libération
NEXT.LIBERATION.FR
Othello : «Il faut que des Noirs jouent massivement des Blancs»

## *L'essentiel*
# DU JOUR

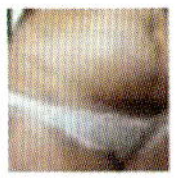

*Buzz*
Strength Marks, le compte Instagram qui sublime les vergetures des femmes

*Société*
Pourquoi les femmes souffrent du "caca-shaming"

*couple*
Je ne l'aime plus en ce moment : je fais quoi ?

*Kids & co*
Le fils de Megan Fox adore porter des robes (et elle en est super fière)

*Buzz*
Atteinte d'une maladie cutanée rare, elle devient mannequin pour prôner la diversité

*Société*
Pourquoi les sociétés matriarcales ont de quoi nous inspirer

› *Toutes les news sur Terrafemina*

**France Culture**
26 min ·

La virilité est une construction sociale qui a tout d'une structure fragile. Elle a ses triomphes et ses crises, elle mue et parfois s'écroule. La regarder avec les sciences humaines est une façon de la déconstruire.

FRANCECULTURE.FR
**Simone de Beauvoir : "Personne n'est plus méprisant envers les femmes qu'un homme inquie...**

# France Culture et la haine de l'homme.

Secrétariat d'État chargé de l'Égalité
@Egal_FH
Aujourd'hui, c'est la journée de la bisexualité.
Tous les couples ont le droit de s'aimer sans crainte #Loveislove #BiVisibilityDay
@Egal_FH
SECRÉTARIAT D'ÉTAT CHARGÉ DE L'ÉGALITÉ ENTRE LES FEMMES ET LES HOMMES ET DE LA LUTTE CONTRE LES DISCRIMINATIONS
11,8K vues
10:07 · 23 sept. 19 · Twitter Media Studio
109 Retweets 248 J'aime

France Culture
34 min ·

Au nom de quel système anthropologique une académie de médecine voudrait-elle interdire un désir aussi naturel chez l'humain que le désir d'enfant ?

FRANCECULTURE.FR

**La PMA marque-t-elle une "rupture anthropologique majeure" ?**

# Au nom de la nature, précisément.

**Députée Obono**
@Deputee_Obono

#DirectAN #PJLbioéthique Notre amendement propose la suppression de la mention du sexe à l'état civil. Cette mention, qui n'a, aujourd'hui, plus aucun intérêt, a, pour les personnes transgenres et intersexuées notamment, des conséquences concrètes parfois très oppressives. #LGBT

10:36 PM · 3 oct. 2019 · Twitter Media Studio

# L'oppression du réel.

**Agence France-Presse**
@afpfr

Paroles trop machistes, guidage exclusivement masculin, invitation à danser uniquement à l'initiative de l'homme : un collectif féministe veut profiter du Mondial de tango de Buenos Aires pour revisiter les stéréotypes de cette danse très codifiée u.afp.com/JB9u #AFP

MarleneSchiappa
@MarleneSchiappa

A la tête de la haute administration, on a principalement des hommes, blancs, qui ont fait l'ENA. On manque terriblement de diversité dans les parcours. Quand tout le monde a le même logiciel il n'y a plus d'intelligence collective.
Interview @LePoint
lepoint.fr/politique/schi...

Le Point

« A la tête de la haute administration, on a principalement des hommes, blancs, qui ont fait l'ENA ou une grande école. On manque terriblement de diversité dans les parcours, les compétences, ou dans les manières de penser.

Quand vous avez tous le même logiciel, vous n'avez plus l'intelligence collective. Je le déplore.

L'administration est managée par les politiques, c'est à nous de faire le nécessaire pour les faire tourner correctement. »

Marlène Schiappa

# La haine de l'homme blanc.

# « La théorie du genre n'existe pas. »

**France Culture**
26 min ·

Avec sincérité, la dessinatrice discute sans fards de la nécessité de personnages féminins riches et complexes. Dépassant les stéréotypes de la faire-valoir et de la princesse à délivrer, il faut, dit-elle, donner naissance à de nouveaux modèles.

FRANCECULTURE.FR

**Pénélope Bagieu : "Il faut se lever assez culottée et déterminée le matin quand on est une femme"**

# Le courage de se lever le matin.

Les Grandes Gueules
@GG_RMC

#GrandOral : "Je pense qu'il faut désarmer les policiers, et réduire leurs effectifs !" Mathieu Kassovitz, réalisateur et acteur à l'occasion des 25 ans du film culte la Haine

**Le fameux gang des « anti-masques » en costume traditionnel pakistanais.**

CNEWS

S'ABONNER

# Une piscine suisse interdite aux Français après des incidents avec des «bandes de jeunes»

6 AOUT 2020

Une piscine suisse interdite aux Français après des incidents avec des «bandes de jeunes»

RMC
@RMCinfo

"Que nos amis français comprennent que ce n'est pas contre eux, mais plutôt contre ces bandes de banlieues qui ont posé quelques difficultés"

En Suisse, une piscine municipale interdite aux Français pour des incivilités causées par des j...
rmc.bfmtv.com

# Comment dire les choses sans pouvoir les nommer ?

**Sur la photo, une de ces bandes de jeunes Français qui terrorisent les piscines suisses.**

Le Parisien

## Une poupée non-genrée lancée par Mattel aux Etats-Unis

Baptisée « Creatable World », cette gamme du créateur de Barbie propose sept figurines ni fille, ni garçon ou un peu des deux.

# Parions que ni fille ni garçon n'en voudront. Échec et Mattel

**Le Monde**
8 août ·

Axa, Banque de France, Marie Brizard, Caisse des dépôts et consignations... A un degré moindre que leurs homologues britanniques, de nombreuses entreprises françaises ont elles aussi bénéficié de la traite négrière.

LEMONDE.FR

**La traite négrière, passé occulté par les entreprises françaises**

Axa, Banque de France, Marie Brizard, Caisse des dépôts et consignations... A...

# Pourquoi ne classer que la France et le Royaume Uni dans ce championnat du monde ?

**Le Monde**
14 août ·

Une enquête du ministère de la justice affirme que « les Asiatiques et les Blancs ont de quatre à dix fois moins de chance d'être admis, à dossier comparable, que des candidats afro-américains » dans le prestigieux établissement du Connecticut.

LEMONDE.FR

**Le gouvernement américain accuse l'université Yale de discrimination envers les Blancs et les Asiatiques**

**Libération** 
19 h ·

Idées – L'écrasante majorité des parents veulent connaître le sexe de leur fœtus. Pour les deux sociologues Anne Paillet et Olivia Samuel, ils inscrivent ainsi précocement leur enfant dans des rapports sociaux de genre.

LIBERATION.FR

**«Avant même d'être au monde, on est catégorisé comme étant une "fille" ou un "garçon"»**

# Libération, à deux doigts de découvrir les chromosomes.

# Égalité. Aux Pays-Bas, une université a décidé de n'embaucher que des femmes

EXPAT EDUCATION PAYS-BAS ROYAUME-UNI **THE GUARDIAN - LONDRES**

Publié le 25/06/2020 - 11.31

# La haine de l'homme.

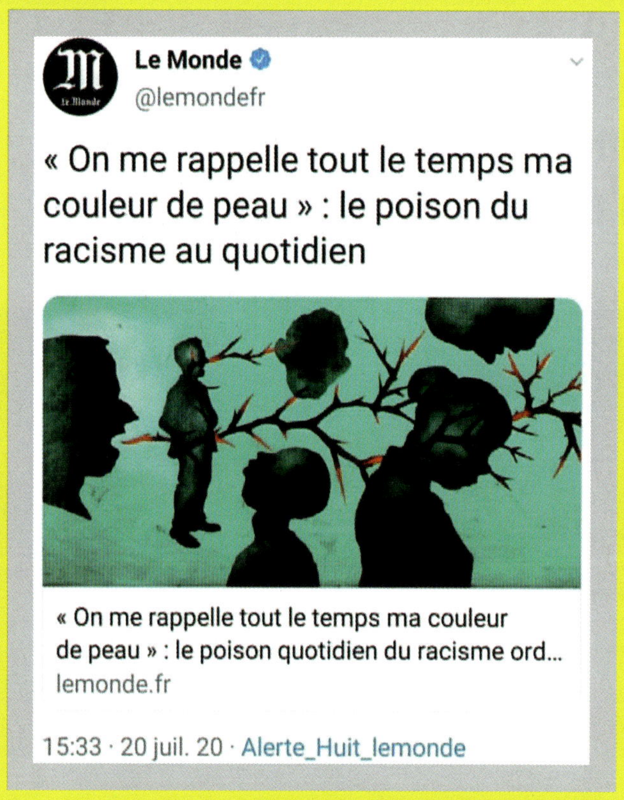

Le Monde
@lemondefr

« On me rappelle tout le temps ma couleur de peau » : le poison du racisme au quotidien

« On me rappelle tout le temps ma couleur de peau » : le poison quotidien du racisme ord...
lemonde.fr

15:33 · 20 juil. 20 · Alerte_Huit_lemonde

# Là c'est mal...

**Le Monde**
@lemondefr

Présidentielle américaine : Kamala Harris pourrait devenir à la fois la première femme, la première Afro-Américaine, et la première à pouvoir également revendiquer des origines asiatiques, à devenir vice-présidente des Etats-Unis.

Présidentielle américaine : Kamala Harris comme colistière, le choix d'une personnalité
lemonde.fr

# ... mais là c'est bien.

**Caroline Fourest**
@CarolineFourest

Compter les Noirs dans la salle, les inclure de force dans un discours identitaire et victimaire. Traiter cette salle en ennemie alors qu'elle récompense depuis des années les talents dans leur diversité. Qui changera après ça ?
Le pire de la #GénérationOffensée. #cesars2020

**CANAL+** @canalplus · 28 févr.
"On est une famille, on se dit tout non ?" : @AissaMaiga, présidente des collectifs 50/50 et Noire n'est pas mon métier.

Le meilleur des #César2020 > can.al/Cesar2020

12:32 PM · 29 févr. 2020 · Twitter for iPhone

**INFO Roubaix**
@inforbx

Au Canada, dans une université un espace a été aménagé pour permettre aux étudiants musulmans de faire leurs ablutions. Certaines personnes demandent la même chose dans les facs de Lille. Qu'en pensez-vous ?

L'EST RÉPUBLICAIN

ABONNEZ-VOUS

Besançon | Fait divers

# Une adolescente tondue et frappée par sa famille parce qu'elle fréquente un chrétien

Une jeune fille de 17 ans a été tondue et frappée par sa famille ce lundi soir à Besançon. Celle-ci lui reproche de fréquenter un homme de confession chrétienne. La mère, le père, l'oncle et la tante de la victime ont été placés en garde à vue.

Par **Valentin COLLIN** - 05:00 | mis à jour à 08:42 -

**France Culture**
hier à 09:00 ·

Loin d'être né avec la Renaissance et d'être l'apanage de la seule Europe, l'humanisme, saisi dans sa double dimension de savoir philologique et de posture philosophique, traverse toutes les cultures de l'espace méditerranéen.

FRANCECULTURE.FR
**L'humanisme arabe**

# France Culture et l'éloge de l'islam, épisode n°1332.

# [Info VA] Emmanuel Macron : "Votre problème, c'est que vous croyez qu'un père est forcément un mâle"

—



**_Par Charlotte d'Ornellas_**

*Publié le 29/01/2020 à 16:03*

## César 2020: Corinne Masiero fustige la mainmise "des bourgeois hétéros catholiques blancs de droite"

BFM TV 15 février 2020

"Il faut plus de diversité, pour être plus représentatif du métier et de la société. Ce n'est pas des bourgeois hétéros catholiques blancs de droite qui ont, seuls, le droit de dire ce qu'il faut récompenser en France." Corinne Masiero (Capitaine Marleau) a dénoncé cette semaine dans les colonnes de *Télérama* l'entre-soi et le manque de diversité de l'Académie des César.

#Suède Un des gala ELLE, "Look de l'année" en collaboration avec L'Oréal Paris, a été décerné cette année à une femme avec un hijab. Selon la gagnante, il est important de normaliser la tenue religieuse dans le monde de la mode suédoise. samnytt.se/kvinna-med-slo... via @samhallsnytt

Kvinna med slöja vann pris för "årets look" – vill normalisera slöjan
Ett av ELLE-galans priser, Årets Look i samarbete med L´Oréal Paris, delades i år ut till en kvinna med muslimsk hijab. Enligt vinnaren själv är det viktigt att ...
samnytt.se

8:16 PM · 21 janv. 2020 · Twitter Web Client

france culture | LE DIRECT

Accueil > Esclavage moderne en France : "L'indifférence des gens est absolument terrible"

# Esclavage moderne en France : "L'indifférence des gens est absolument terrible"

09/05/2018 (MIS À JOUR À 21:16)

Par Lise Verbeke

**Entretien | En 1848, la France abolit l'esclavage. 170 ans plus tard, l'esclavage existe toujours. Les esclaves modernes sont invisibles aux yeux de la société. Et les moyens de lutte sont encore limités. Entretien avec la présidente du comité contre l'esclavage moderne, Sylvie O'Dy.**

**Le HuffPost**
@LeHuffPost

Le cofondateur de Reddit démissionne et exige d'être remplacé par une personne noire

Le cofondateur de Reddit démissionne et exige d'être remplacé par une personne noire
huffingtonpost.fr

7:00 · 06 juin 20 · SocialFlow

LESINROCKS.COM

**Racisme, homophobie... Une université met fin à son exposition sur John Wayne**

LEFIGARO.FR

**Une statue de Bouddha vieille de 1700 ans vandalisée au Pakistan**

Jugée comme étant «non islamique», l'œuvre caractéristique du style...

# Le Pakistan, ce pays où l'on détruit le patrimoine parce que les idées véhiculées par les sculptures heurtent les sensibilités d'individus qui ne peuvent tolérer aucune pensée différente de la leur. Le Pakistan, ce pays qui nous inspire tant.

Barbara Pompili ministre de la Transition écologique :

"La place de la langue arabe, de la culture musulmane, dans notre société est très insuffisante"

#Immigrationnisme #Islamisation #Progressisme

***« La place de la langue arabe, de la culture musulmane, dans notre société, est très insuffisante. »***

*Barbara Pompili, députée EELV*
*Assemblée nationale*
*13.01.2015*

10:44 PM · 6 juil. 2020 · Twitter Web App

BFMTV
1 juillet ·

Nouvelle initiative de Disney en faveur de la communauté LGBT.

BFMTV.COM

**"Un jour mon prince viendra" interprétée par un homme dans la dernière pub Disney**

**Libération**
7 juillet ·

Tribune — Pour avoir mis en cause la place des personnes trans dans les luttes féministes, l'activiste Marguerite Stern est victime de harcèlement. Le signe, selon elle, que le milieu féministe est en proie à des mécanismes patriarcaux.

LIBERATION.FR

**[Tribune] Féminisme : peut-on encore débattre de tout ?**

Pour avoir mis en cause la place des personnes trans dans les luttes féministe...

BFM TECH

TV RADIO

# GOOGLE VA PERMETTRE D'IDENTIFIER LES COMMERCES TENUS PAR DES NOIRS

Le 31/07/2020 à 10:36



**Un nouveau badge va faire son apparition dans les fiches Google des commerces pour indiquer si le lieu est tenu par un afro-américain. Une façon aux yeux du géant de soutenir cette communauté.**

# Après l'étoile jaune, les étoiles noires.

Libération

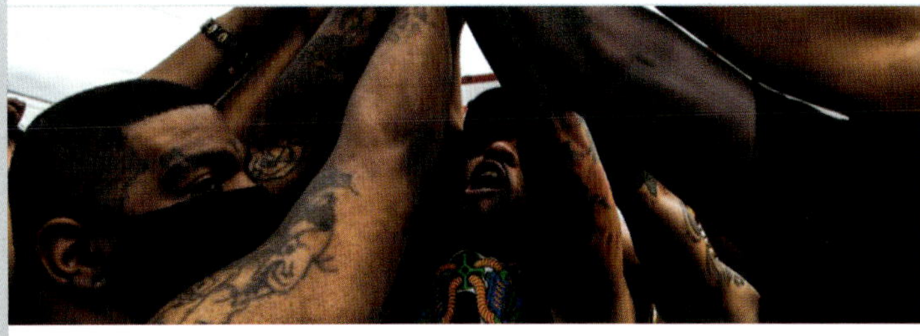

Photo Chandan Khanna. AFP

TRIBUNE

# Société du pillage : violences systémiques contre les personnes racisées aux Etats-Unis

Par Esther Cyna, doctorante en civilisation américaine à l'Université Sorbonne-Nouvelle, Paris 3 en cotutelle de thèse en histoire à l'université de Columbia aux États-Unis — 3 juin 2020 à 14:36

L'utilisation du mot «pillage» pour désigner les dommages matériels engendrés en marge des manifestations américaines renforce des stéréotypes racistes et décrédibilise un mouvement légitime.

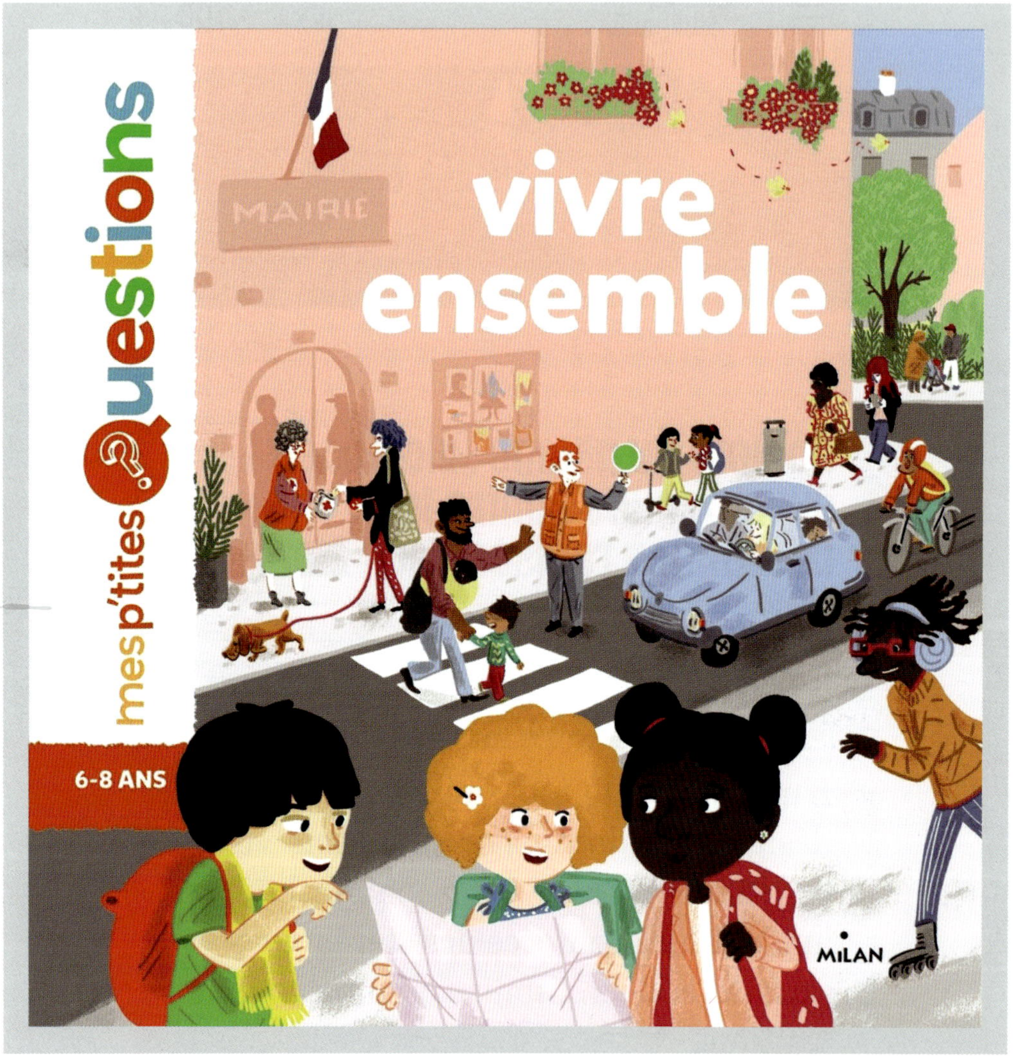
mes p'tites questions
vivre ensemble
6-8 ANS
MAIRIE
MILAN

LCP
@LCP

Tests ADN : "Je ne crois pas un seul instant que nous ayons besoin de connaître nos origines pour nous construire", affirme @JLMelenchon #PJLbioéthique #PMA #directAN

61,6k vues

15:11 · 31/07/2020 · Twitter Web App

Fort de France : la statue de Joséphine de Beauharnais décapitée. Pauvre France...

10:14 PM · 11 juin 2020 · Twitter for iPhone

# Depuis la statue a été complètement détruite.

franceinfo
@franceinfo

"On a peur qu'ils soient blessés ou tués" : comment des familles noires et arabes apprennent à leurs enfants à vivre avec les forces de l'ordre

francetvinfo.fr/faits-divers/p...

7:34 AM · 12 juin 2020 · TweetDeck

# Sur France Info...

🇬🇧UK

JK Rowling, auteur d'Harry Potter, est la cible de la communauté #LGBT.

Depuis hier, après qu'elle ait affirmée que seules les femmes pouvaient avoir leurs règles. Une pétition, signée des milliers de fois, a été lancée pour qu'elle ne soit plus l'auteur de Harry Potter.

## "Trans, noire et grosse" : la nouvelle égérie Calvin Klein est un choix très politique

Laetitia Reboulleau

Yahoo Style France 29 juin 2020

Follow

© Instagram Jari Jones / Calvin Klein

Le mouvement Black Lives Matter et le mois des fiertés ont poussé de nombreuses marques à se remettre en question concernant plusieurs thématiques. Sont-elles assez représentatives de tous les genres, de toutes les couleurs de peau, de toutes les sexualités, afin de vraiment correspondre à un public plus que jamais en quête de représentation ? Calvin Klein, qui depuis plusieurs années opère un virage plus inclusif, a frappé un grand coup avec

# On doit pouvoir faire mieux encore.

# Feu de circulation à Londres.

Libération — GPA : un retour vers la conception biologique de la filiation ?

TRIBUNE

## GPA : un retour vers la conception biologique de la filiation ?

Par Daniel Borrillo, juriste et Caroline Mecary, avocate au barreau de Paris — 11 avril 2019 à 12:19

GPA : un retour vers la conception biologique de la filiation ? Photo Sara Naomi Lewkowicz. Getty

Le dernier avis rendu par la Cour européenne des droits de l'homme considère que la France peut continuer à transcrire l'acte de naissance uniquement à l'égard du père qui a donné ses gamètes mais pas à l'égard de la mère d'intention, qui devra, elle, adopter son propre enfant.

# Ce serait une honte, en effet !

**Courrier international**

2 j ·

Alors que certains s'entêtent à vouloir défendre une prétendue identité chrétienne de l'Europe, l'experte britannique Diana Darke rappelle tout ce que les grands édifices religieux européens ont emprunté à la culture islamique.

COURRIERINTERNATIONAL.COM

**Notre-Dame de Paris, un édifice pas si catholique**

# Notre-Imam de Paris.

Aix*Marseille université
Initiative d'excellence
Installation d'un
BABYFOOT INCLUSIF
Étudiant·e·s, donnez le premier coup d'envoi !
Plus d'infos sur :
www.univ-amu.fr

🇺🇸 Mort de #GeorgeFloyd : aux #EtatsUnis, le chien policier « #Chase », personnage du dessin animé « Pat'Patrouille », fait polémique. Les spectateurs dénoncent la façon positive dont les #policiers sont mis en scène à la télévision. (Courrier International) #racisme

# En Marche à l'arrêt.

Michaël
ESCOFFIER
Roland
GARRIGUE
Princesa
Kevin
Companhia das Letrinhas

**FRANCE 24 Français**
@France24_fr

La #littérature doit-elle se soucier de la sensibilité de chacun ? Aux #EtatsUnis, le sujet fait débat. Pour éviter d'être taxé de #sexisme, de #racisme ou d'#homophobie, auteurs et éditeurs font désormais appel à des "sensitivity readers" 📚
#CulturePrime

JEAN
A DEUX MAMANS
Ophélie Texier

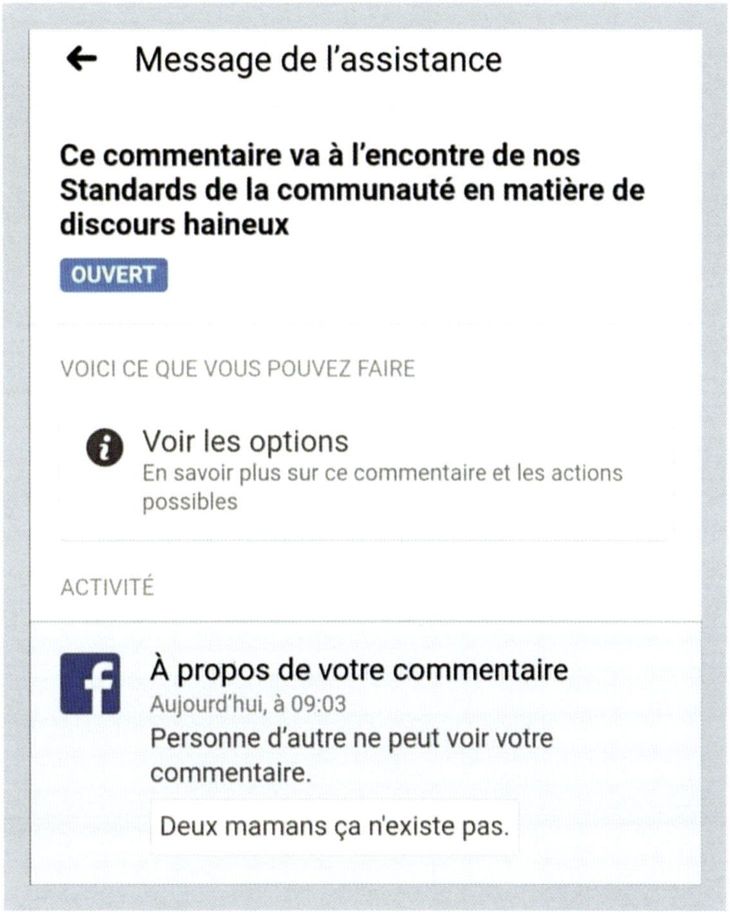
Message de l’assistance
Ce commentaire va à l’encontre de nos Standards de la communauté en matière de discours haineux
OUVERT
VOICI CE QUE VOUS POUVEZ FAIRE
Voir les options
En savoir plus sur ce commentaire et les actions possibles
ACTIVITÉ
À propos de votre commentaire
Aujourd’hui, à 09:03
Personne d’autre ne peut voir votre commentaire.
Deux mamans ça n'existe pas.

france culture

A transfeminine non-binary person and transmasculine gender-nonconforming person reading a magazine together. • *Crédits : Zackary Drucker / The Gender Spectrum Collection*

Billie se définit comme non-binaire, genderfluid ou genderqueer. Ielle ne se reconnaît ni dans le genre masculin, ni dans le féminin. On peut alors parler de genre "neutre".  A l'adolescence, ielle découvre également son asexualité alors que ses amis commencent à avoir leurs premières expériences.

Yuffy, elle, est une femme trans lesbienne. Elle raconte comment elle s'est définie au fil du temps, les changements après sa transition et la construction de son identité.

Miss Helsinki 2017.

Qui gagna, selon vous ?

**Libération**
10 juin ·

Avec plus de 17 millions de paraphes, la pétition en ligne réclamant justice pour George Floyd, postée sur Change.org, semble être devenue la plus importante jamais signée. Devant le sommet pour le climat à Copenhague et le Brexit.

LIBERATION.FR

**La pétition en ligne «Justice pour George Floyd» est-elle la plus signée de l'histoire ?**

Le Monde ACTUALITÉS ÉCONOMIE VIDÉOS OPINIONS CULTURE M LE MAG SERVICES

**S'abonner, c'est découvrir des enquêtes approfondies sur les enjeux climatiques du XXIe siècle** Découvrir les offres

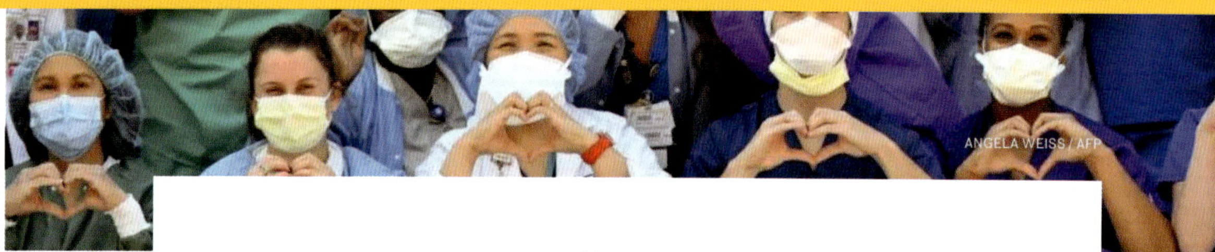


# Les médecins, des migrants dont les pays riches veulent bien

Par Thomas Wieder , Cécile Ducourtieux , Julia Pascual et Anne-Françoise Hivert

Publié le 15 mai 2020 à 12h42 - Mis à jour le 17 mai 2020 à 06h06

Aujourd'hui, Sayid
est le médecin qui manquait
à ton village alsacien.
LES RÉFUGIÉS, UNE CHANCE POUR LA FRANCE.

# Ce qu'est devenu le planning familial.

**Ministère de l'Économie et des Fi...**
@Economie_Gouv

Communiqué | Conseil de la mixité et de l'égalité professionnelle dans l'#industrie : à six mois des fêtes de Noël, @AgnesRunacher a souhaité faire un point de situation avec les professionnels du secteur sur les #jouets genrés ⤵️

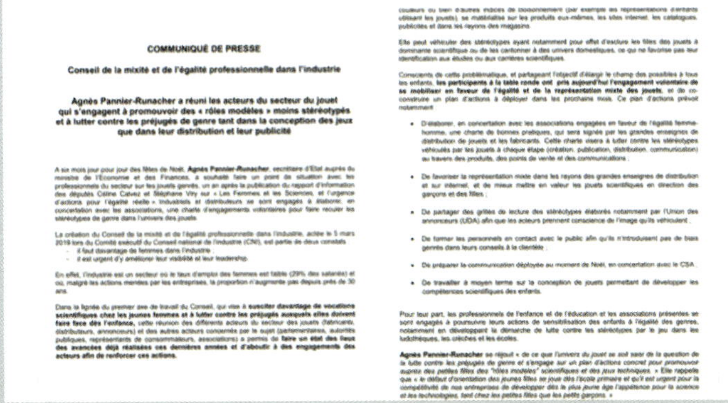

L'ÉGALITÉ COMMENCE AVEC LES JOUETS
FLEUR, 8 ANS
DÉJÀ DÉBROUILLARDE !
LE JEU POUR TOUS
Campagne "JOUER L'ÉGALITÉ" réalisée par LE JEU POUR TOUS avec le soutien de
JOUER L'ÉGALITÉ!
Plus d'informations sur www.jouerlegalite.fr

L'ÉGALITÉ COMMENCE AVEC LES JOUETS
NOHAM, 6 ANS
DÉJÀ PAPA POULE !
Campagne "JOUER L'ÉGALITÉ" réalisée par LE JEU POUR TOUS avec le soutien de
LE JEU POUR TOUS
JOUER L'ÉGALITÉ!
Plus d'informations sur www.jouerlegalite.fr

Le Monde

Se connecter

ACTUALITÉS ÉCONOMIE VIDÉOS OPINIONS CULTURE M LE MAG SERVICES

RELIGIONS

Partage

# Vous vous apprêtez à célébrer votre premier mois de ramadan, racontez-nous

APPEL À TÉMOIGNAGE **Mois de « la piété et du partage », pilier de l'islam, le ramadan commencera jeudi en France.**

Publié le 16 mai 2018 à 10h50 - Mis à jour le 16 mai 2018 à 10h50

**Allégorie de la fin de la civilisation occidentale.**

Le Monde

S'abonner

LEA CRESPI POUR LE MONDE

# Michelle Perrot : « Le rire masculin fait du bruit, les larmes féminines coulent en silence »

Par Anne Chemin

# Non, pas tous les deux jours. Tous les jours. (372 par an en 2015)

Sur Vice.com, une semaine après avoir appelé les Blancs à « entamer leur déconstruction », Laurianne de Canal+ nous invite à « manger racisé » pour « faire ruisseler l'argent du bon côté ».

Au menu, une « map participative des meilleurs spots tenus par des entrepreneur.e.s et chef.fe.s afrodescendant.e.s, arabes ou asiatiques. »

Et ça s'appelle de l'antiracisme.

I-D.VICE.COM

**Où manger racisé à Paris ? La carte qui fait ruisseler l'argent du bon côté**

**France Culture**

1 h ·

"Ma couleur de peau noire m'est rappelée dans des gestes extrêmement quotidiens, par exemple pour le sparadrap qui est rose pâle."
Rokhaya Diallo dénonce le "racisme d'Etat" subi par les Noirs en France.

la cgt

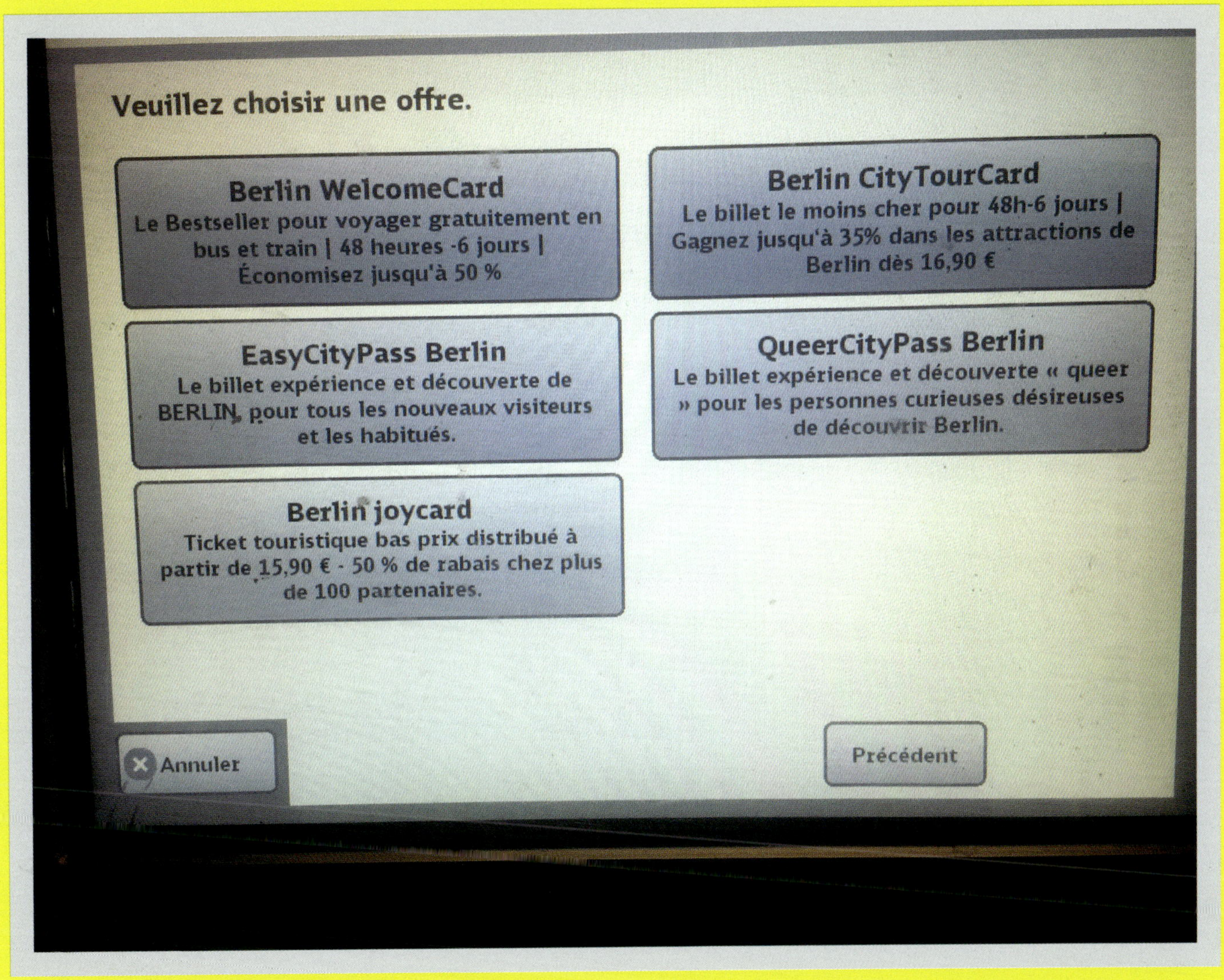


**Dans le métro à Berlin, vous pouvez prendre une carte « Queer »...**

La disparition des Blancs dans le métro parisien (2020).

**Le Monde**

14 juin ·

Le comédien britannique, révélé par le rôle de Finn dans la dernière trilogie « Star Wars », a pris fortement position contre le racisme et les violences policières. Une intervention saluée par une partie de l'industrie du cinéma, et rendue possible par d'illustres et courageux précurseurs tel l'Américain Sidney Poitier.

LEMONDE.FR

**Mort de George Floyd : John Boyega, héros de « Star Wars » et virulent défenseur de la cause noire**

# Il manque une case.

**Il fallait abattre le symbole phallique que représentait le sapin de Noël. Donc on inventa la « sapine » de Noël. Une énorme vulve sur le sol, à Bordeaux, en 2019.**

**Libération**

18 septembre, 14:10

#Billet Stigmatiser n'est pas débattre, écrit Sonia Delesalle-Stolper, correspondante de «Libération» à Londres, qui s'interroge sur les conséquences humaines de ces attaques politiques.

LIBERATION.FR

**Sous le voile, des femmes encore et toujours attaquées**

# Si vous vous opposez au voile islamique c'est que vous êtes... misogyne !

**France Culture**
18 septembre, 13:30 ·

Dans les pays anglo-saxons le foulard islamique est totalement accepté et s'il y a polémique elle se concentre sur le voile intégral. Alors pourquoi la France est-elle obsédée par le voile ? On a posé la question à Philippe Portier, directeur d'études à l'École Pratique des Hautes Etudes.

FRANCECULTURE.FR

**Le voile est-il une obsession française ?**

Pourquoi le voile suscite autant de débat en France ? C'est la questio...

# France Culture au service de l'islam.

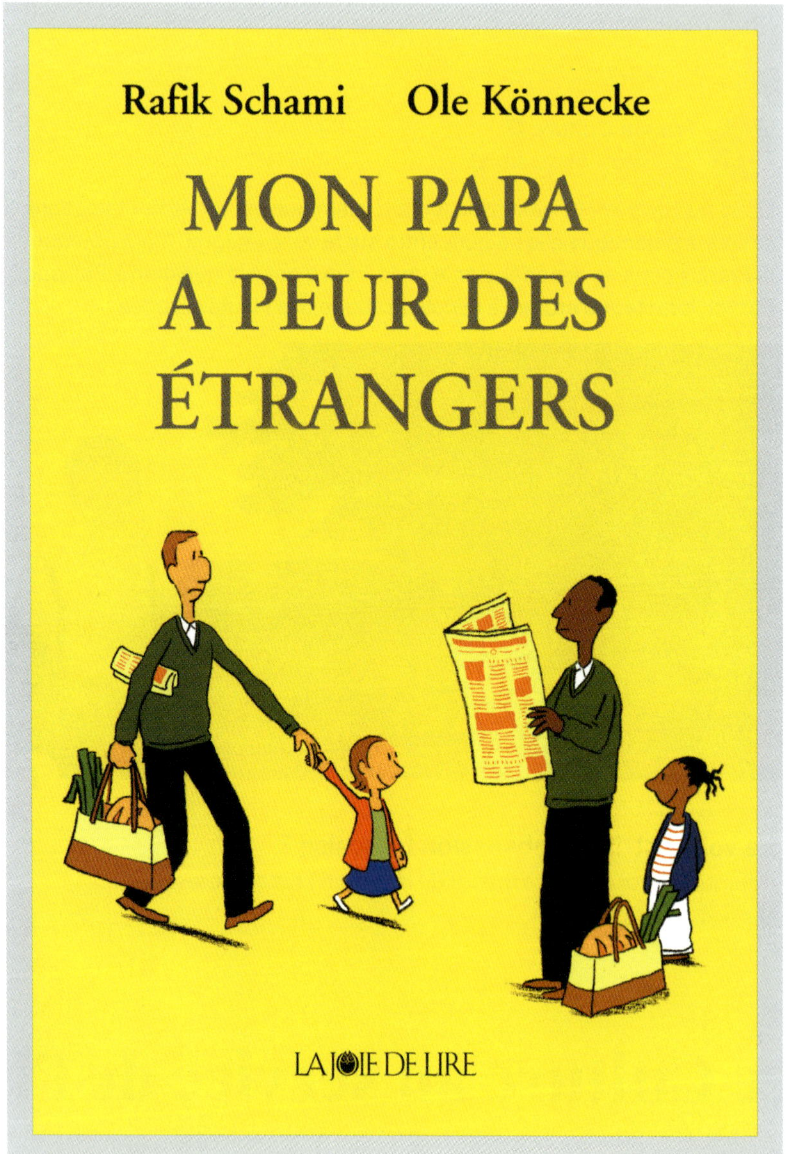
Rafik Schami Ole Könnecke
MON PAPA
A PEUR DES
ÉTRANGERS
LA JOIE DE LIRE

**France Culture**
25 septembre 2018 ·

Alors que l'Aquarius cherche un port où accoster, il y a quatre-vingts ans un bateau de plus de 900 réfugiés juifs fut prié de retourner en Europe, sous le régime nazi. Quand l'histoire bégaie...

FRANCECULTURE.FR

**Aquarius 2018, Saint-Louis 1939 : tenir à distance les migrants à tout prix**

En savoir plus

# Il y a quatre-vingts ans, il n'y avait qu'un seul bateau de 900 personnes.

TaM
Montpellier 3m
Montpellier Méditerranée Métropole
Chuut!
Irrésistible pour les uns,
Insupportable pour les autres.
Dans les transports, veillons à ce que le trajet de chacun reste agréable.
Tous différents, bien ensemble.

**Ben voyons.**

11h57 ▶ Rêverie de Debussy
france musique
Vous allez la do ré !
91.7

# Les forts et les faibles...

# ... et les méchants.

France Culture
14 min ·

L'assassinat du professeur d'histoire-géographie Samuel Paty pose la question de la résurgence de l'accusation de blasphème dans nos sociétés modernes et laïques.



FRANCECULTURE.FR

**Blasphème, le retour du refoulé**

L'assassinat du professeur d'histoire-géographie Samuel Paty pose la question de la résurgenc...

# fasciste

*nom et adjectif*

1. Partisan du fascisme italien et, *par extension,* d'un régime, d'un parti analogue.
2. Partisan d'un régime autoritaire ; personne conservatrice et réactionnaire.

Victor Pivert et Rabbi Jacob, ou la Tolérance à l'ancienne

**Auteur** : **Gérard Oury**. 1919-2006. Cinéaste. Français. Juif. Hétérosexuel.

La Traviata ou la Martyre volontaire de l'amour

**Auteur** : Giuseppe **Verdi**. 1813-1901. Musicien. Italien. Catholique. Hétérosexuel.

**Œuvre** : ***La Traviata***, créée au théâtre de la Fenice, à Venise, en 1853.

M. Klein ou l'Enfer de la curiosité

**Auteur** : Joseph Losey. Cinéaste. 1909-1984. Américain. Communiste. Hétérosexuel.

RING

Imprimé par Le Révérend Imprimeur
en 2020

–

Dépot légal : NOVEMBRE 2020

–

ISBN : 978-2-37934-008-6